I COME AS A BROTHER

バーソロミュー

大いなる叡智が語る
愛と覚醒《めざめ》のメッセージ

バーソロミュー
BARTHOLOMEW

ヒューイ陽子 訳
YOKO HUEY

ナチュラルスピリット

"I COME AS A BROTHER",
A Remembrance of Illusion by Bartholomew.

Japanese Translation arranged with High Mesa Press in New Mexico
through The Asano Agency, Inc. in Tokyo.

日本の読者のみなさんへ

本書が日本で再び発行されることを光栄に思います。あなた方の美しい国でワークショップを開催したときのことを懐かしく思いだします（訳者注：一九九四年に東京と京都でワークショップを開催）。本書が書かれた目的はただ一つです。それは、平和と喜びと永遠の〝大いなる自己〟を人々が見つけるお手伝いをすることです。バーソロミューの勧めに従えば、それらすべてを手に入れることは可能だ、と私たちは経験から学びました。なかでも一番重要なのは、私たちが求めるものはすでに、そして常に私たちの中に存在すること、探せば見つかるということを思いだすことです。

メアリーマーガレット・ムーア
ジョイ・フランクリン

私たちの理解とパワーが増すようにと、
偉大なる叡智とユーモアをもって、
その覚醒された意識を分かち合ってくれた
バーソロミューに心からの感謝を捧げます。

目次

日本の読者のみなさんへ

はじめに　10

第1部　人間関係

愛ではないもの　20

愛は自然についたり消えたりするものではありません。ある日あったものが、次の日にはなくなっているというようなものでもありません。それは愛ではなく、感情です。愛とはワクワクするような華やかなものである、というイメージを捨ててほしいと思います。

ソウル・グループ　32

ソウル・グループのエネルギーは常にその人を囲んでいますし、神からの啓示体験のようなヴィジョンを見せてくれたり、守護天使がそばにい

るという感覚を与えてくれたりします。各ソウル・グループには悟りを開いた者が一人か二人はいて、アドバイスをくれます。

性エネルギーという贈り物　*52*

神が望んだのは、性エネルギーの流れは反対方向に行くこともできるのだということを知って、人間がそのエネルギーとともに、発生源である〝大いなる源〟へとさかのぼって来ることでした。エネルギーは両方向に流れます。人間がエネルギーとともにさかのぼることができれば、エネルギーの根源である、〝大いなる源〟と合流できるわけです。

自分を愛する　*70*

自分の人生のマスターになって、自分を愛していると感じられるようになると、あなたの人生は愛の行動ではなく、愛の流れとなります。誰が目の前にいようとも、愛の流れを感じることができるようになります。目の前を犬が通りすぎても、子供が通りすぎても、それが近所の人であっても、敵であっても、すべて同じです。

第2部　自己

怖れ　*90*

怖れは人間が創りだしたものです。怖れはほかの次元にはありません。人間の創造物であり、人間が創りだした意識ですから、それを克服するにはこの地球界でそれに直面しなければなりません。人間が創ったのですから、それを取り除くのも、人間の意識のなかでなされなければなりません。

霊性の高い人　*110*

あなたは求める人か、見つける人のどちらかなのです。求める人は求めつづけます。見つける人は、「悟りを理解することはできないし、理解する必要もないし、それそのものを生きるしかない」ということを悟ります。

マスターであること　131

マスターというのは、自分の心理構造のすべての局面に入りこみ、すべてを発見し、何事からも目をそむけない人です。見た目がどんなにひどく、いやなものでも、自分のなかから現れたものすべてを受け入れる人です。

十二のパワー因子　150

地球界に形を持つものとして転生してきた目的の一つは、十二のパワー因子のそれぞれが二つに分離していることを理解することです。それらを再び統合し、調和とバランスをもたらすことが、任務の一つです。

高度なエネルギー域　168

現在、これまでにない大量のエネルギーが地球界に送られてきており、人間がそれを吸収し、自己変革をおこない、覚醒するように助けている、ということは以前にもお話しました。これをあなた方は、ニューエイジ（新時代）と呼んでいますが、私たちは、「高度なエネルギー域」と呼んでいます。

第3部　道

瞬間《いま》に生きる　*190*

人が注意を払えるのは今この瞬間だけです。一瞬一瞬に意識があるときには、あなただけがそこにいて、それ以外のすべては存在しません。そうした瞬間には、自分とまわりの世界が切り離されていると感じることはできません。そこにあるのは、あなたとあなたのまわりのものと、あなたのなかにあるものだけです。

心を開く　*207*

完全に愛に満ちるために、しなくてはならないことなどありません。そうなりたいという気持ちだけが必要なのです。そして、それがない人はいません。その気持ちがどれほど奥深く隠れていようとも、なくなってはいません。人間は、〝大いなる光〟への道は、〝大いなる愛〟を通してであることを、生まれながらに知っています。

内なる気づきへ導く瞑想　*231*

瞑想をすればするほど、気づきが深まり、瞬間から瞬間に生きるという経験をするようになります。自分を肉体的にも精神的にも心眼的にも、変容させるパワーがやって来るようになります。

聖フランチェスコからのメッセージ　*250*

鳥の歌声に、死にゆくものの泣き声のなかに、狂人の叫びのなかに、らい病患者の絶望のなかに、恋人たちの抱擁のなかに、神の声をすべてのなかに聴くことこそが、神を愛する道なのです。これらの音と「神の声」を分かつものは何もない、全くない、これらの音こそが、神の声そのものだということをフランチェスコは悟りました。

慰めるもの、聖霊　*268*

聖霊はエネルギーの渦で、あなたが感じたいと強く願った瞬間、現れます。感じたいという気持ちが、聖霊とあなたが合流するための一連の動きを作動させます。寂しくなったり、不安になったり、元気づけてくれるものがほしくなったら、聖霊のことを考えてください。そうすると、

はじめに

この本の基礎となったチャネリング（霊との交信）の七年間にわたる経験と比較してさえ、今ここで何を語るかを決めるほうが色々な意味でずっとむずかしく感じられます。その理由は、この本を読んでくださる方が、いったいどんなことに強い関心を持っておられるのか、と考えるからです。たとえば、どのようにしてチャネリングをするようになったのか、チャネリングをするのはどんな感じなのか、これまでの経験のなかで重要だったことや特に貴重と思えることは何なのか、なぜこの私がチャネリングをすることになったのか、など色々な話題が可能性としてあります。しかし結局は、私自身にとって最も興味のあることについて書くことにしました。それが読者にとっても、興味深いものであることを祈ります。

そこで、バーソロミューと呼ばれる高い次元の叡智に富むエネルギーをチャネリングするのはどんな感じがするかについて、はじめにお話してみたいと思います。

まず私は静かにすわって呼吸をととのえ、自分の体のなかの息を感じるようにします。次に、自分の意図を明確にするためにこう言います。「私が到達できる最高の次元のパワーよ、ここに真実のみが現され、すべてのものにとって最善の結果がもたらされることを祈ります。どうか私の兄弟姉妹たちを助けてください。ありがとうございます」。そして目を閉じ、一瞬一瞬に意識を集中しつつ、しかもゆったりとくつろいで待ちます。二、三秒すると、私の体のまわりと内部にパワーが満ちてきます。自分がもっと生き生きとして、意識がふだんよりとぎすまされ、はっきりしてくるような気がします。しびれがとれるときのようなこそばゆい感覚が頭の頂《いただき》から入ってきて、首や肩を通って胸のところで止まります。そうなると、自分が自分のすわっているものの一部になったような気がします。「自分」と「ソファ」とのあいだに何のへだてもなく、一つになります。自分のまわりの空間は音のない生きた空間となります。

それはまるで、私と一緒にいる誰かと私との周囲にエネルギーが渦を巻いており、可能な限りのあらゆる質問とその答えがそのなかに含まれているかのようです。その感覚が一定レベルまで強くなると、始める準備ができたことがわかるのです。そこで私は目を開けます。部屋と部屋のなかのすべてのものが、チラチラと動く柔らかくて黄色い光に見えることがよくあります。そこにいる人々の「個性・我」はぼんやりとして区別がつかなくなり、後ろに引き下がります。その代わり、「別のもの」が前面に出てきて、はっきり見えます。この「別のもの」とは何だろうか、と長いあいだ私はあれこれ考えました。魂なのか、内奥の自己なのか、その人の過去の愛にあふれた瞬間の総合なのか……。何と呼ぶにせよ、それは無限の可能性に満ちたエネルギーの広がりであり、力強く流れ動く、美しいエネルギーとして感じられ、そのように見えます。チャネリングでの交信の対象となるのは、私たちのなかにあるこの部分であり、そこからすべての質問も生まれてきます。

それから、エネルギーが質問する人と私のあいだを静かに動き、そこに目に見えない道のようなものを作ります。私たちはその道を行ったり来たりします。道が作られたことが感じられると、その人のまわりの空間が様々の部分に分かれ始めます。するとまるで、その人が非常に美しい色の輪のなかにいるように見えます。その輪にはガラスのように透明な部分やくすんだ暗い色の部分があります。この暗い部分をめざして私たちのエネルギーは移動し、その正体を吟味することに多くの時間を費やします。この暗い部分の波動を高めて、透明でバランスのとれた状態にするのが、人間の生きる主な目的の一つだと私には思われます。私の意識はそうした暗い部分に移動し、「あたりを見まわし」ます。そこで、私の口から言葉が流れだします。その部分を調べ尽くすと、私たちは次の部分に移ります。

この本は主に公開チャネリングの記録にもとづいて編集されました。公開チャネリングには個人チャネリングとは少し違った趣《おもむき》があります。大勢の人がいるときのやり方は、私が目を開けるまでは同じです。目を開けると、私はグループを見まわし、「入っていく道を探し」ます。それは数秒で現れ、私は自分の意識にその道を歩かせます。私の意識はあるところまで来ると止められ、静かになり、意識の中心に焦点が当てられます。それから起こることは少し説明がむずかしいのですが、私の意識が大きく広がり、会場にいるすべての人々を包みこんでしまいます。それが終わると、言葉が口から出てきます。その一瞬前に選ばれた話題を述べ、その話題のなかを動きまわります。

特に、ここで読者のみなさんに理解していただくことが重要になってくるのですが、どんな話題に対しても、話す内容は何千種類もの可能性があるということです。そのために、そしてまた私自身まだチャネリング技術をみがいている身であることもあって、この可能性の大きさに圧倒されてしまい、とまどうことがあります。しかし、すぐ私は落ちつきを取り戻し、会場の人々の全体的エネルギーが必要としている話の内容へと、導かれていきます。私は個としての意識を失ったトランス状態に入っているのでもなく、「何か別の霊に乗り移られている」わけでもないので、人間的要素がまだいくらか残っています。私の意識ははっきりとあるのですが、私のエゴの感覚はずっと後ろに引き下がってしまうようです。代わりに、怖れを知らない奔放で高速度のエネルギーが私を導いていくようです。

ここまで私が述べたことは、この本に書かれていることを理解するうえでとても重要になってきます。これは公開チャネリングの記録を編集したもので、書き直したものではないからです。

編集作業では、「バーソロミューのエネルギー」と私たちが呼ぶものの持つ個性をできるだけ残そうとしました。ですから、ピュリッツァー賞小説のような名文ではありませんし、またそれが目的でもありません。

もう一つ、読者のみなさんに理解していただきたい点は、同じ質問に対しての矛盾する答えをどう解釈するかということです。これに対する私の答えは、私がバーソロミューのエネルギーから学んだ最も基本的なことに関係しています。つまり、私たちが言う意味での「真実」というものは、存在しないということです。人間はまるで、人生と呼ばれる直線的な道を歩いていって、その道の終わりに巨大な「真実の本」を発見し、その前にすわって本に書いてある知恵を吸収することを期待しているかのようです。本のすべてのページを理解し終わると、自分は真実を知っていると言えるというわけです。

しかし、このチャネリングを通して、それとは異なる見方を教えられました。その視点はもっとおもしろく、流動性と可能性に満ちたものです。私がグループではなく、個人向けにチャネリングをするときに、それがはっきり出てきます。相手が質問すると、その質問のなかに、私はすでに答えを感じます。ですから、一人の人に対する答えは、その人のユニークですばらしい存在全体の一部としてあるのですから、ほかのどの人に対する答えとも違うのは当然なのです。ある人の全体性はその人なりの過去、現在、未来の流れを持っているのですから、答えもほかの人のものとは違ってきます。

この本を読むに際して、同じ問題について異なる見方があるのだということを理解しておいてください。答えやコメントは、私の目の前にあるエネルギーのなかから生まれるのであって、決してどこかできあいの「知恵の宝庫」のようなところから取りだしてもってくるものではありません。そういうわけで、私たちの狭いものの見方を乗り超えることができるなら、私たちは自分たちの無限性や叡智がもっと広大なものである、と感じることができるようになるでしょう。

最後に、最もよく訊かれる質問に答えましょう。それは、バーソロミューとは何者かというものです。それに対して私は、「私にはわからないし、どうでもいいことです」と答えるしかありません。これまで数年間にわたり、このチャネリングは私自身やほかの人々の役に立ってきたので、このエネルギーと協力して、私は自分のしていることをつづけるだけです。「その果実によって人はそれを知る」と言われるように、このエネルギーが誰であろうと、何であろうと、私はそれを絶対的に信頼するようになりました。このエネルギーは、人々に対するこのうえない愛と思いやりを持っていると同時に、魂の「故郷《ふるさと》」へ戻る私たちの旅をもっと生き生きとした楽しいものにするために、実際的アドバイスを与えてくれます。

しかし、バーソロミューとは何であるかについて、次のことは真実だと言えます。

一、私の一部ではあるが、私より偉大なもの――あるいは、今、私が自分だと思っているものより偉大なもの、と言ったほうがいいでしょうか。

二、エネルギーである。これは確信しています。それは、私をもっと生き生きとさせ、意識を拡大させ、愛情に満ちた人間にさせ、何よりもユーモアにあふれた人間にさせてくれるエネルギーです。

三、このエネルギーの認識理解力は広大な範囲におよび、過去へも未来へも楽に優雅に正確に達することができます。また、このエネルギーの認識力は奥深く、世界の始まりにまでも突き進んでいくことができます。そこからもたらされる知識は、私の表層意識の記憶には全くない種類のものです。私には、この知識の範囲は無限に思えます。

四、このエネルギーは、カルマなどの問題よりもむしろ魂の成長に関心があります。ですから、「私は金持ちになるでしょうか」とか、「彼と結婚できるでしょうか」などという質問は、ほかのチャネルにするべきでしょう。

このエネルギーの関心は、〝大いなる一《いっ》〟からの分離という幻影から人間たちが目覚めるよう、その手段を与えるということにあります。何度も何度も、この点が最も深い関心の的であることが示されました。バーソロミューは私たちの兄弟として、地球と対等な宇宙のエネルギーの一部としてやって来ました。そして、私たちがすでに知っていること、つまり、自分とまわりの世界を分離したものとして見るのは幻影であること、そうした世界観は苦しみをもたらすことを、私たちに思いださせるためにやって来ました。私たちはこのエネルギーの、そして、創造界のすべてにとっての兄弟姉妹であり、自分たちの内部にこの〝大いなる一〟を知る能力を持っています。バーソロミューの任務は、この幻影を創りだしたのは私たちであり、幸いなことに、それを自分たちで終わらせることもできるのだということを、優しく思いださせてくれることのようです。

一九八四年　メアリーマーガレット・ムーア

第1部

人間関係

新しい恋ほど心をはずませ、
カルマを動かすものはありません。

愛ではないもの

一九七九年二月三日、ニューメキシコ州ソコロにて

地球の人々の最も深い関心事の一つは愛であり、愛とは何かということだと思います。愛とは、本当は非常に単純なことなのですが、地球界では、多くの錯覚や誤解に満ちた概念になっています。そこで、「愛ではないものは何か」ということについて考えてみたいと思います。

自分には愛し愛される相手がいると感じている人たちは、自分たちの愛を非常に強くて深い決して変わることのない感情であると思っています。ここで問題になるのは、「決して変わらない」という言葉です。一見すると永遠につづくと思われる強い愛も、よく観察してみると、決してそれが永久につづくものではないことに気づきます。

ここに深くて変わらぬ愛をいだきあっていると思っている二人がいるとします。この二人が人生をともに歩むにしたがって、ある日、奇妙なことが起こります。二人にとって重要な問題に関して、大きな意見のくい違いが生まれたのです。このような状況にどう対処するかは、人によって違ってきます。二人がインテリの場合は、それぞれが自分の立場を正当化して議論をするでしょう。二人が、怒るのはよくないことだと考える「いい人」であれば、自分の不満をそれとなく間接的に表現するでしょう。また、感情的な人たちの場合には、怒鳴ったり、わめいたりすることになります。いずれにしても、これらの言動はどれも怒りや恨みの表現であって、愛情表現ではありません。こうした状況においては誰も愛を感じることはできません。自分の夫婦関係や恋愛関係を注意深く観察すると、このような摩擦が何度も起きていることに気づくはずです。

一般に愛と思われているのは、実は、引力のように惹きつけられる「魅惑」という感情の動きです。そして、この引力には反発という感情がついてきます。この相反する二つの感情は常に共存しています。現在、深い愛情関係にありながら、この魅惑と反発の感情が共存していることを認めるだけの正直さを持ちあわせない人に対しては、私から何も言うことはありません。

誰かに心を動かされているからといって、その感情を愛だと思いこむのは単純すぎます。自分の心のなかをよく見つめてみると、非常に意地悪で否定的な感情や恨み、利己的な考えもあるのに気がつくはずです。それは、とても人間的なことです。ではここで、愛とは何でないかという点について考えてみましょう。

愛は自然についたり消えたりするものではありません。ある日あったものが、次の日にはなくなっている、というようなものでもありません。それは愛ではなく、感情です。愛とはワクワクするような華やかなものである、というイメージを捨ててほしいと思います。愛とは魅惑的なものであるという考えが誤りであることに気づき、自分の人生において大切な人々に対していだいている本当の感情を理解したときに、やっと愛とは何かを理解できるのです。

愛とは何かということが、なぜそんなに大事なことなのでしょうか。自分は最高の愛を経験していると感じている人も多いことでしょう。しかし、私の目から見ると、地球の人々は最もすばらしい愛をまだ経験していません。最高の愛とは、人々が考えているよりはるかにすばらしく、地球界で言われる「最高の愛」でさえ、それに比べると色あせて見えます。

ここでヒントを出します。それによって、恋愛関係にあるとき、人がとる行動についての誤った思いこみを捨てる助けにしてください。まず、自分が非の打ちどころのない完璧な恋人であると思っている人は、自分を変えようとは決してしません。一方で、恋人に対して自分の思いやりの足りなさを率直に認めることのできる人は、自分の行動を変えることをいといません。自分のなかの思いやりのない部分に気づくことは、他人から学ぶという姿勢を持つことで、柔軟な思考を必要とします。この姿勢は、〝大いなる自由〟（人間界の幻影の鎖を解き放ち、無限の可能性に目覚めた状態）を得るために通らなくてはならない過程において、重要な一歩です。

では、誰から学んだらよいのでしょうか。それは、学ぶ人がどんな人で、どんなタイプのものにその人が惹かれるかによります。経験者の助けを借りるのが嫌いな個人主義者の場合は普通、自分自身の経験から学ぶことになるのですが、この方法はとても困難です。本質と幻影を常に判別できるとは限りませんし、ときにはわき道にそれて、つまらない退屈な人生を送ったりしてしまいます。

最も簡単な方法は、すでにその道を切り開いた「先駆者」を見つけ、「自分にあった方法」でその先駆者から学ぶことです。これには色々な方法があります。この先駆者は生きている師やグル（導師）でもかまいませんが、ほかにも先駆者はいます。多くの先駆者はすでにこの世にいませんが、歩んだ軌跡をはっきりと残しており、本を通してそれを知ることができます。そうした本のリストから、「これだ！」と感じるものを見つけてください。そして本物の愛、〝大いなる愛〟へ一歩でも近づけるよう、その先駆者の助けを借りてください。

まず、あなた自身のなかで、どういった分野で愛情を持った行動がとれないのかを見つけ、それから、あなたの求める〝大いなる愛〟の状態を実現し行動に移している師を探してください。師は、必ずしも現在生きている人でなくてもかまいません。肉体を持っていないからといって、その人の力強い生きた叡智を学びとれないということはありません。人間は個々別々の肉体を持つバラバラの存在だというのは、地球界の幻影であって、高い意識の観点ではないのだということを理解してください。

では、肉体を失うと、その人の叡智はどこに行くのでしょうか。叡智は〝大いなる意識〟（宇宙の集合意識）の大海原のなかに常に存在し、過去や未来を超えて宇宙に広がり充満しています。偉大な真理や叡智は死滅することはありません。真理や叡智そのもののなかに勢いや速度というものがあり、〝大いなる創造物〟（宇宙のすべての現象）のなかを動きまわっています。真理を求めたり、求道の思いに導かれたりするのは、そのような真理が宇宙のエーテル体のなかに存在するからなのです。

そのような叡智や真理を自分に引き寄せ、それを実感することは誰にでも可能です。たとえば、自分にとっての真理の道は、キリストまたはキリスト意識を体現化した道を歩むことだ、と決心したとします。その場合、キリストの愛と叡智を今の時点でも受け取ることができます。ここで私が言っているのは、二千年前に示された、神の真理を肉体を通して現したパワフルで創造的な叡智であって、現在、キリストの言葉として信じられている単なる宗教上の解釈のことではありません。キリストの没後、人間の言う「連続する時間」の流れのなかのどの時代においても、キリストの道を歩む者なら誰でも、この真理に生き生きと触れることができました。

そして、これらの人々の存在が真理の勢いを今まで維持してきました。すぐれた使徒はこのようにして偉大な師に仕えるのです。つまり、使徒は学び、理解し、教えを身につけ、さらにその教えに心を注ぎ、行動し、みずから体験することによって教えを生かし、「後世に残して」いくのです。ですから、使徒が教えを身につけ、それを実践することは、師に対して大きな貢献をしていることになります。このような教えを地球界で実践することによって、教えの真髄をより実際的に理解することができるようになります。ですから、宇宙の〝大いなる叡智〟と結びついた偉大な師の誰とでも、今、交流することができるのです。

あなたが自分の進むべき「道」を選び、その道に従って生きようとするなら、まず、心を完全に開いて、〝大いなる叡智〟が何らかの形で自分の前に現れるように、謙虚に祈ることです。そうすると、あなたの人生に色々なことが起き始めます。その起こり方も様々です。たとえば、何年も前にもらって読まずに放っておいた本が急に読みたくなったり、前に読んだことのある本がまた目に入り、今度読むと以前とは違った新しいことを発見するということがあったり、また、友だちから何かもらったり、新しい考え方にめぐりあったり、といったことが起こります。

地球界の人々の感覚では、こんなことは日常的な取るに足らないことに思えるかもしれません。しかし、宇宙の叡智との結びつきを知ろうとするなら、こうした小さな出来事に心を留めることが必要です。〝大いなる自由〟を求める心が真摯であれば、〝広大無辺なもの〟(宇宙の無限の存在)はあなたの探求を速める手伝いをしてくれることがわかります。今まで思いもかけなかったような人たちに出会うようになり、さらに、様々なことが起こり始めますが、それが単なる偶然で起きているのではないということを理解しなくてはなりません。なぜなら、これらすべては、あなたという存在の「あり方」そのものが、強力なメッセージを宇宙に送りだしているために起こっていることだからです。「助けてください。私にはこれが必要です」というあなたの求めの声が、宇宙に流れたからなのです。こうして求めるものが明確になり、それを自分という存在の「あり方」の中心にすえたときから、自分のまわりで何かが起こり始めます。

このことが愛と、いったいどういう関係にあるのでしょう。実は、これらすべてが愛と関わりを持っているのです。愛とは、何かをしたり、頭であれこれ考えることではありません。自分のなかや自分のまわりにあって、自然に流れ動くものが愛なのです。そして、その人のあり方そのものが〝崇高なる愛〟なのです。しかし、このことに地球の人々はまだ気づいていません。人々は、愛を非常に狭い誤った見方で見ています。ある肉体が別の肉体を好きになったり、自分のまわりの少数の肉体に好意を持つことが愛だと思っています。これは全くナンセンスです。

愛とは行為や行動をさすのではありません。愛のただなかにいるときに人が鮮明に意識するのは、**愛とは自分のあり方そのものだ**という事実です。人のあり方そのものが愛だとすれば、誰かに対して「あり方」をどうするということはできません。愛とはあなたの本質そのものであり、あなたの「あり方」なのです。「あなたそのもの」ということは、あなたには自分でそれをコントロールできないということです。それは〝大いなる源〟（すべてを生みだした根源的エネルギー）から与えられ、初めから人間にそなわっているものです。すべてのものはこの〝大いなる愛〟から創りだされます。ですから、自分が愛であることを感じている人は、この状態が全く自分のコントロールの範囲外にあることを理解しています。どんな人が目の前に現れようとも、愛がその瞬間を支配する感情だからです。とても風変わりな人が現れても、その人に対する深い思いやりと、相手への理解が心のなかから湧き起こってきます。これが〝大いなる愛〟です。誰を愛するか誰を愛さないかを、いつも自分で選んできた人々にとって、これは信じがたいことかもしれません。

あなたは一日のうちに何回も、自分の心のなかから思いやりや、相手の気持ちを理解する心が自然に湧き上がってくるのを経験するようになります。このような感情は、必ずしも誰かに向けられた情熱的な感情ではありません。むしろ、日常のちょっとしたことから生まれる小さな心の動きです。自分では意識しないような、日々の小さな出来事のなかに織りこまれている感情です。他人とのいさかいなどから目を離して、このような感情の動きにもっと注意を払うようにすると、そうした感情が強くなり、もっとひんぱんにそれを経験するようになります。

愛は、「自分の」意思の力で生みだしたり、あるべきだと要求したりできるものではないということを、忘れないでください。あなたにできることは、愛を体現していると思う道に従うことだけです。自分とは何か、自分とは何でないか、ということがわかってくるにつれ、この愛の真理に気づくようになります。

人生に対するこれまでの幻影がはがれ落ちると、それに代わって入ってくるのが、〝大いなる愛〟というダイナミックなパワーです。このパワーは〝神なる源〟の主なエネルギーの一つです。このエネルギーは、あなたのなかを流れて外界に出ていき、そのたびに勢いを増していきます。このエネルギーは観察することができます。行動に現れた愛として見ることができます。ただし、現在、地球界で見られるほとんどのものは、個人対個人の愛の行動で、〝大いなる愛〟はほとんど見られません。

自分を愛情深い人間だと思っている人は、もう一度その考えを見直してください。自分を「愛情深い人間だ」と考えるのは、人間のエゴがふりかざしたがる最大の幻影です。性的な魅力を感じていることや、友情や、親としての本能的感情などに見られる愛は、自分はますます愛情深い人間になりつつあると思わせるために、その人のエゴが使う手立てにすぎません。では、自分が本当に愛情深い人間かどうか、どうしたらわかるのでしょうか。あなた方にとって、その答えはあまりにシンプルすぎて、受け入れがたいかもしれませんが、こういうことです。自分の心をよぎるすべての人、自分の目の前に現れる人のすべてに対して、温かい思いやりの心とその人たちの気持ちを理解する心を持つことができたとき、その人は本当に愛情深い人ということができます。

ほとんどの人は、いい仕事を持ち、愛する人々に囲まれていれば、自分の人生はうまくいっていると考えます。これもまた地球界の人々がいだいている幻影の一部です。今はまだ多くの人が、このような感情的な愛を本当の愛と勘違いしています。

自分の人生を誰かのために犠牲にしようとしている人は、もう一度考えてみてください。相手がいつもひどいことばかり言うような場合でも、あなたはその人に対して美しく清らかな愛情を持ちつづけることができるでしょうか。このような愛情関係においては、普通それぞれがその関係から何を得ているかということが、問題となります。たとえ、自分にプラスになるものを得ていなくとも、その関係から何かを得ている限り、その人はその関係をつづけるでしょう。けれども、その関係が変化して、自分が望むものが何一つ得られなくなったときに、「愛が冷《さ》めた」とその人は言うのです。恋におちることができるということは、また冷めることもできるということです。人間のエゴから生まれるこのような愛情関係のように、やって来たり去っていったりする愛情は本物ではないのです。

自分の感じている気持ちが〝大いなる源〟から生まれる本物の愛なのか、または、エゴの生みだした単なる幻影なのかを知るには、自分がその瞬間いだいている感情や思いを見つめ、「自分のまわりでどんなことが起ころうとも、この気持ちを常に持ちつづけることができるだろうか」と自分に問いかけることです。もしその気持ちを永遠に持ちつづけることができないのでしたら、それは地球界における浮かんでは消える人間ドラマの一つにすぎません。〝神なるもの〟が生みだす本物の「創造劇」ではありません。こういう感情にいちいち心をわずらわせなくてもいいのです。

自分へのこの問いかけは人生のあらゆる出来事に応用できます。ある特定の出来事を心に思い浮かべると、そのときの気持ちや考えが不変のものかどうか、自分でわかるはずです。不変のものであれば、その感情は〝大いなるすべて〟の一部であり、大切にすべき感情です。

ここで私が強調したいのは、努力や意思の力で愛を得ることはできないということです。あなた方一人ひとりが、すでに愛そのものだからです。ただ、この愛の状態を実感するために、あなたにできることがあります。それは**愛したいと心から望むこと**です。これは誰にでもできることです。自分に対する見方を変え、他人との関係を変え、世の中に対する自分の態度を変えるのです。自分の可能性のすべてを生かしたいと強く望めば、あらゆる面において自分の態度を変えることができます。もしそれが信じられないなら、今、自分の人生にどんな愛があるかよく考えてみてください。本物の愛は現れたり、消えたりしません。**それは常にある**のです。それが本物の証《あかし》です。

あなたに最も合った、あなたらしいやり方を見つけてください。そして愛したいと強く望むことです。その強い気持ちが正しい道へと導いてくれます。正しい道を歩んでいけば、必ず最後は叡智と愛の境地へと到達します。真の道を求めると、叡智と愛は姉妹のように一緒についてきます。こうした道は、最初はどんなに険しくとも、最後には愛にめぐり会います。最初は愛に片寄った道であっても、最後には必ず叡智に行き着きます。愛と叡智はコインの裏表であり、切り離すことはできません。どんな道を選ぼうとも、旅の終わりに発見するのは愛と叡智なのです。どんな道を選ぶかはそれぞれの責任です。愛と叡智を自分のものとしていない師やグルを、間違って選ばないようにしてください。

愛を生みだす公式のようなものはありません。何度も言いますが、**愛のエネルギーはすでにあなたのなかを流れています**。自分のなかにある愛に注意を向けなければ、あってもなくても同じです。愛があなたの人生に役に立つのでなければ、あってもしかたがないではありませんか。〝大いなる愛〟とは、あなたの求めるものすべてに対して、休むことなく流れる深い愛のエネルギーであり、変わらぬ思いやりの心です。それはこの宇宙のすべてを創りだした〝大いなる源〟の一部です。そして、〝大いなる源〟の一部であるあなたの一部でもあります。人間は一人ひとり別々の肉体と別々の心を持つ〝大いなる源〟とは関係のない存在であるという考えは、誤りであり、錯覚です。すべての人間は〝大いなる愛〟そのものである、ということを真剣に考えてみてください。あなたは愛なのです。あなたが愛なのですから、当然あなたは愛を知ることができます。

ソウル・グループ

一九八三年六月二十二日、ニューメキシコ州アルバカーキにて

今日の質問は、人間として地球界に転生してくるとき、細胞体が集まって内臓器官や身体の組織を作るように、魂がグループで「かたまって」転生してくるという傾向があるのかどうか、ということです。

地球界では、ある人には何となく惹かれるが、ほかの人には惹かれないということがよくあります。人間として生きる目的の一つは、自分を完全にしてくれるもう一人の人間、「ソウルメイト（魂の伴侶）」を探すことだと思っている人もいます。残念ながら、これには成功の可能性はあまりありません。なぜなら、何十億もの人のなかから、一生かかってこの特別な人を探しださなければならないだけでなく、たとえ探しだせたとしても、その人が去っていったり死んだりし

たら不幸になってしまう、という筋書きを自分で書くようなものだからです。

人はソウル・グループと呼べるものとともに地球界に転生してくる――これは事実です。厳密にいうと、ソウル・グループなどというものはないのですが、ここでは便宜上そういうことにしておきます。これはどういうことかと言いますと、一千個から一万個（ここでは数はあまり問題ではありません）の魂が一つのエネルギーの渦巻きとなって地球にやって来ます。このエネルギーの渦が地球界に入ると、それが個々の人間となり、それぞれの人生を生きていくのです。

同じグループにあっても、魂のそれぞれが真理を学んでいくスピードには差があります。地球界の幻影である物質世界の魅力の虜《とりこ》となってしまう魂もいれば、この幻影を早く終わらせたいと願う魂もいます。釈迦牟尼のひざ元で学んだにもかかわらず、まだ人間稼業をつづけている魂もいます。いったいなぜなのでしょうか。それはやっぱり人間稼業がおもしろいからです。しかしその一方では、辛く苦しい人生を選んできてしまって、「もうこんな人生はごめんだ。今すぐこの幻影から目覚めたい」と望む人もいます。

何回も転生をつづけるにあたって、自分のソウル・グループと一緒に生きることを選ぶときもあれば、グループから離れて一人で生きることを選ぶときもあります。自分にチャレンジを与える困難な人生を前もって選んできた場合は、自分を愛し支えてくれるような人に囲まれることはあまりありません。とてもいい人なのに愛する人に恵まれない人がいます。チャレンジに満ちた人生を選ぶときは、自分を支えてくれるような人々から自分を切り離すことも、同時に選ぶからです。

究極のところ、心の支えが得られる唯一の場所は〝心の内なる神〟なのです。愛する人々と何度も一緒の転生を経験した魂は、そうしてともに生きることが幸せをもたらすということを学びます。あんまり幸せすぎて眠ってしまった人もいますが、それもけっこうです。誰だってたまには休みたくなりますし、ハワイやバハマで遊ぶような楽しい生まれ変わりの人生を送るのもいいことです。けれども、ときには樹木も生えないロシア平原のように荒涼とした寂しい人生も、送らなければならないのです。

目に見えない世界には、地球界のすべての人に援助の手をさしのべる、驚くほどの量のパワーが常に存在しています。肉体を持っていない魂の役目の一つは、肉体を持って転生した魂たちが真理に目覚めるよう導いたり、愛と心の支えを与えたり、必要とあらば、ショック療法の機会を作ったりすることです。何かに駆り立てられる思いがしたり、何かの予感がしたり、直感的に急に物事が理解できたりといった、すばらしい直感のひらめきは、霊界の友人たちからのメッセージということもあります。

なぜ私がこのようなことをわざわざ言うかといいますと、大変残念なことに、人間は、自分が孤独だと感じ、神などというのはどこか遠くにいて、とても自分が直接話せる存在ではない、と思いこんでいるからです。友人ということでしたら、もう少し身近に感じるのではないでしょうか。ですから、私がソウル・グループの話をするのは、人が全く一人ぼっちだと感じるときに、神のほかにも頼れる存在があることを知ってほしいからです。この存在はずっと身近にいます。どこかはるかかなたにいる神しか自分を助けられないと思うのは、やめてください。そんな神を求めると、人は長いあいだ絶望のなかで孤独に生きることになります。

人間の頭のなかでは神と友人とは全く違う存在です。友人は単なる友人だけれども、神は畏れ多くて、遠くにあり、とても近づきがたく、非常にあれこれうるさい存在だと思っています。でも本当のところ、あれこれうるさく言うのは、あなた方人間のほうで、神ではないのです。神は、人間が何をしようが、何を考えていようが、何を言おうが、全く気にしません。なぜなら、神は人間がどんな存在であるのかをちゃんと知っていますし、あなたが地球界でどんな人生ドラマを演じることにしようとも、あなたの本来の姿は変わらないこともちゃんと知っているのですから。神は、あなたが人間の姿をしているときも、していないときも、あなたの本来の姿を知っています。

ところで、自分の今までの友人関係について、不思議に思っている人も多いでしょう。自分のまわりの人を見まわしてみると、自分と非常に違ったタイプなのに親しい人たちもいれば、自分と似ているタイプなのにべつに親しくならないということもあります。また、ある人たちとのあいだでは、問題があれこれ起きるにもかかわらず、そのたびに解決してうまくつき合いがつづくのに、ほかの人とのあいだでは、いい人たちなのに、何かしらうまくいかないという経験があるでしょう。自分と同じソウル・グループの人間とのコミュニケーションはうまくいくのです。常に楽しいことばかりとは限りませんが……。友人であれ、親子や夫婦であれ、何でも話せるいい関係にある相手とは、同じソウル・グループのメンバーだと思って間違いありません。同じメンバー同士はお互いをとてもよくわかっているので、コミュニケーションが楽におこなえるのです。

けれども、ときには同じソウル・グループの人間関係でも、むずかしい場合があります。そういう関係では、自分のなかの優しさも思いやりもない部分を表面化するような出来事が、起きつづけます。こうしたあまり見たくない面こそ、自分で意識して受け入れなければならない面であることを、ソウル・グループは知っているのです。各メンバーが、よくない面も含めた自分のすべてを受け入れて初めて、ソウル・グループ全体が一緒になって〝大いなる自由〟の境地へと移行できるからです。それはまるでソウル・グループの各メンバーとあらかじめ約束をしてきたかのようです。「私が眠ってしまったら、起こしてね」、「わかった。じゃ、僕が眠ったら、君が起こしてくれるんだよ」というぐあいに。こうして目覚めた人は、人間として自分はすべての面を自分のなかに持っていたのだ、ということに気づきます。

人生はプラスの面もマイナスの面もともにそなえているし、これからもその事実は変わらないだろうということは、何度もこれまでにお話しました。あなた方は、この両極のどちらにもとどまることのないようにすべきです。この宇宙を構成する基本要素はエネルギーです。エネルギーは常に動いているので、一つの極にとどまろうとすると、動きがなくなるので、大きな痛みが生まれるのです。人生のプラスの極を離れてマイナスの極へと向かいだすと、いろんな困難が生じてきます。

すると、人はすぐに尋ねます。「私はいったいどこで間違ったのだろうか」と。空高く投げたボールに向かって、そんな質問をする人がいるでしょうか。ボールに向かって、「空高く飛んでいったのはよいが、落ちてくるのは悪い」と言うでしょうか。もちろん、そんなことを言う人はいません。投げられたボールが落ちてくるというのは、誰でも知っています。むしろ、ボールが落ちてこなかったら、「どうしたんだ」と人は不思議がるでしょう。ところが、自分の人生となると、人は、上から下へ、または一つの極からもう一つの極への自然な動きを、認めようとしないのです。

こういう態度の裏にあるのは、子供時代からの習性です。「いったいどうしたの」という親の質問に、子供が「わからない。何だか悲しくて、寂しくてこわい」と言えば、親はすぐ「とにかくゴロゴロしてないで、何かしなさい。気分が晴れるから」と言います。または、「テレビでも見たらどうだ。気がまぎれるぞ」とか、「ケーキでも食べる？　元気が出るわよ」というぐあいです。こういうときに、「悲しかったり、寂しかったり、こわくなったりしてもいいのよ。そういう気持ちを理解して、それと一つになることもできるの。そういう色々な感情をすべて持っても大丈夫なくらい、あなたは強いのよ」とは、どの親も言ってくれません。

人間はプラスとマイナスの両極を持てるだけの力があります。**人間自体がプラスとマイナスの両極であり、かつ、それ以上のものを持つ存在だからです。**人が不幸でみじめになるのは、かたくなになり、苦しみというエネルギーの動きを認めようとしないときです。こうしたかたくなな態度はよく見られます。こういうときこそがお互いを助け合えるのですが、誰もしません。誰かのきげんが悪いときは、まわりの人は多くの場合それを変えようとします。自分にとって都合が悪いからです。これは、きげんの悪い人に向かって、この世で人とうまくやっていくには、ほがらかで明るく思いやりのある人間にならなければならない、と言うことと同じです。きげんが悪いときは一人でいるべきだと思っていると、ますますみじめに感じます。人からよく思われるためには、ニコニコして明るくしていなければならない、と思いこんでいるので、みじめな気持ちでいるときにも、元気なふりをしてしまいます。こうしてまだ小さいうちから、人は表向きの顔を作ることをおぼえます。

こうしたジレンマから逃れるには、勇気をもって自分のなかのマイナスの極の感情に向き合い、それをじっくり感じることです。自分のなかでいったい何が起きているのか、はっきりと知ることです。自分のことを精神性の高いスピリチュアルな人間だと思い、常に肯定的な態度を持って生きていく力があると思っている人に対しては、「自分が転生してきたこの世の中を見わたしてごらんなさい」と、私は言いたいです。

地球は二極分化の世界です。地球以外のところでは、必ずしもすべてが二極に分かれているわけではありません。二極分化は地球の基本的な性格です。このことを理解するまで、人間は二極分化の世界を自由に生きていくことはできません。これは人間の本質の一部でもあり、すばらしいことです。「エネルギーが自然に流れているとき」には、幸せから憂鬱へと変化するのはすばらしいことです。けれども、「エネルギーが流れていないとき」は、人が感じた怖れは肉体の一部となり、肉体がかたくこわばって収縮してしまいます。リューマチなどの関節炎の原因は何かというと、エネルギーの流れに対する怖れなのです。怖れを感じて、「動いてはいけない」と自分の体に言いきかすと、体はちゃんと動かなくなります。ですから、注意が必要です。自分が感じていることを、体はその通りに実現してくれます。

自分自身に対して、自分について、正直であるようにしてください。自分というものの肯定的な面も否定的な面も、両方とも素直に見てください。人間というものは、肯定的な面と否定的な面の二極からなる、二極分化の存在であることを理解してください。世の中のすべてのことに、この二極性を認める必要があります。人生でどんなことが起こっても、人はそれに対処する能力を持ちあわせています。自分にそんな能力があると思えない人は、自分自身をきちんと見すえていないからです。たとえあなたが肯定的な極にとどまって、「高徳な人」でいようとしても、振り子は必ずもう一方の極に戻ろうとするのです。

悟りを開いた人が高徳であることはとてもまれです。むしろ、悟りを開いた人というのは、良識からはずれた変わり者のことが多く、気が狂っていると思われたりします。なぜ悟りを開いた人が気が狂っている人に見えたりするのかというと、悟りを開いた人は、自分の心のおもむくままに行動し、まわりの人の反応にこだわらないからです。人間そのものになりきる能力を持っているのです。自分が悟りの境地にどれくらい近づいたかどうか、次のように自問するとわかります。「状況がどうであっても、どう見えても、自分のまわりの人間が本人が望むがままでいることを、私はゆるしているだろうか?」

悟りというのは、すべてはただ「一つ」であるということを、理解することにほかなりません。ここでは善とか悪とかは何の意味も持ちません。自分のほうがすぐれているとか、自分のほうが精神性が高いからといって、まわりの人間を拒否する人は、〝大いなる一《いっ》〟(すべてであり唯一である存在)の一部から自分を切り離しているのです。まわりの人も出来事も、自分の一部であることを認め、受け入れることができますか。あなたは「高徳」な人格から抜けだして、怒ったり、いきどおったり、やきもちをやいたり、そのほかの醜い感情を感じることができますか。成熟した存在というのは、自分のなかにあらゆる感情エネルギーの引力を感じとりながら、特定の感情エネルギーに従うかどうかの選択ができる人です。そこに選択肢を見ることができる人です。

何かに怒る、などという否定的な反応をすることができない人は、人生を生きていないと私は断言します。そういう人は、まやかしの人生観を持つことによって、自分のエネルギーがずいぶん失われていることがわかっていないのです。自分はこうあらねばならないとか、こうしてはいけないとか、こういう生き方しかしてはいけないと言ったりすると、その人の命は止まってしまいます。肉体は時間と空間のなかを動いているかもしれませんが、その人のエネルギーは止まり、エネルギーの流れを感じることができなくなってしまいます。どんな感情も起こらなくなります。その人が自分のなかの振り子が左右に揺れるのを受け入れたときに、ようやくその状態から抜けだせるのです。

両極のあいだを、自由に行ったり来たりできるようになると、**人生のすばらしさはまさにその動きそのものにある**、ということがわかります。人生の喜びやすばらしさやパワーは、人生の出来事によってもたらされるものではありません。人生に起こる様々なことすべての動きのなかに、移り変わりのなかに、一瞬として同じではないその変化のなかにこそ、人生のすばらしさがあるのです。感動と驚きに満ちた「命の躍動」のなかに、喜びはあります。

よき友人でありたいなら、その人たちがありのままの自分を出せるように接してあげてください。自分に対してよき友人であろうという人は、自分がありのままの自分でいられるようにしてください。どんな人でも、本当の自分はどんな人間かを知ることができます。本当の自分を素直に生きることができるまで、心の平安はおとずれません。それ以外のことはすべて、他人に見せるためだけの「お芝居」です。本当の自分になるのに、遅すぎるということはありません。

まず、自分のことに関して自分にウソをつかない、今まで見ないふりをしてきた問題に対して正直に取り組む、ということから始めてください。自分のなかにためらいや怖れを感じるときは、解決すべき問題がそこにあるのだと思ってください。そういうときは、自分が何を怖れているのかを見つけだす必要があります。怖れをいだくのは、ありのままの自分を出していないからです。人が怖れを感じるのは、必要とするものを自分は持っていないのではないかと感じたり、持っているものを失うのではないかと感じるときです。何かを失うのではないかと怖れる必要は全くありません。**人間はみな、必要なものすべてを持っている**のですから。

このことを、今度はソウル・グループという観点から、お話してみたいと思います。ソウル・グループができたときに、グループとしての能力の一つに、テレパシーでコミュニケーションができるということがありました。このような能力をみんなが持っているので、グループのメンバーが肉体を離れても、その人を失ったことにはなりません。グループのメンバーが死んでも、親しい間柄であれば、死んだ人とのあいだのコミュニケーションはテレパシーを通じてつづいているので、本当に死んでしまったとは思えない気がします。もちろん、その人がこの世からいなくなったのは事実なのですが、その人がまだ存在しているという気持ちが確かにするのです。

グループの各メンバーは、地球界でそれぞれ異なった人生を体験しているので、グループ全体を合わせると、あらゆる経験をしたことになります。たとえば、病気になって不安に怯えている人がいれば、その人のまわりには、同じ病気をしながらも、不安に打ち勝ったメンバーがいます。

ですから、そういう場合は、ただ心を静めて自分の内なる声を聞くようにすればいいのです。そうすれば、今の自分には想像もできない内容のアドバイスが聞こえてきます。こうした内なる声のアドバイスを、神の声だという人もいます。あらゆるものは神なのですから、そうには違いないのですが、ただメッセージにも色々あるのです。神は、一人ひとりの人生上の問題に対してどうしたらいいか、いちいち細かいアドバイスまではしませんが、ソウル・グループはしてくれます。あなたが次に何をしたらいいか、これからあなたに何が起こるか――こうした質問に答えてくれます。

ソウル・グループは、各メンバー間で思いやりを持ち合い、心の交流をはかりたいと思っています。なぜなら、地球界にいるグループのメンバーすべてが霊的に成長しないことには、グループ全体としても先に進めないからです。ソウル・グループができたあと、各メンバーはそれぞれの生き方を体験するため地球界に生まれてきました。そして、地球界で何度も転生を経験したあとで、もう地球界での人生を経験しなくてもいい段階まで霊的に成長しようと話し合いました。最後の一人が霊的に成長するまで、どんな意識体も次の段階へ進めないというわけではありません。ただ、同じソウル・グループのメンバーが、いつも一緒に成長していくことは事実です。

ですから、非常に個人的な意味においても、ソウル・グループはそのメンバー一人ひとりの意識の目覚めに関心があり、メンバーが悟りを開くことに対して神よりももっと深い関心を持っています。神はもともと悟りを開いた存在ですが、ソウル・グループはこれから悟りを開こうとしている存在だからです。このソウル・グループの存在は、人間にとって最も勇気を与えてくれる情報だと思います。地球界で生きているときも、地球界を離れてからも、ソウル・グループはいつも各メンバーの力になろうとひかえていてくれます。

私をチャネリングするメアリーマーガレットと私の関係についてよく訊かれるのですが、私は彼女のソウル・グループのなかで悟りを開いたメンバーだと言うこともできますし、私のメッセージを聞いている人もまた同じソウル・グループのメンバーかもしれません。私がこうして地球の人々にメッセージを与えるのは、私のソウル・グループが早く成長できるように、人々に早く目覚めてほしいからだとも言えます。

人生は相反するものが存在する二極性のものであるという事実を受け入れ、ソウル・グループというものが存在するのだということをじっくり考えてみると、自己憐憫や孤独感、どう自分の人生を生きたらいいかわからない、などという不安を取り除くことができるようになります。なにしろ、その道のエキスパート群がすぐ近くにひかえていて、いつでもアドバイスをくれるのですから。あなたのまわりにあるエネルギーからは、常にメッセージが送られてきています。それに耳を傾ければいいのです。眠っているときも、起きているときも、メッセージに耳を傾けてください。ソウル・グループのエネルギーは夢に現れて人々を導いてくれます。夢は、その人が今必要としていることに気づかせてくれます。こういう強力なメッセージを持つ夢をパワー・ドリームと呼びますが、こうした夢は、はっきりとわかりやすい形でアドバイスをくれます。

「こういうメッセージをくれる『あの世はあちら』にあって、自分たちはこちらにいる。だから自分が死ぬまで、あの世とは関係がない」などとは思わないでください。あの世にいるソウル・グループのメンバーとのほうが、肉体を持った人間よりも話しやすいし、よく理解してもらえるということもあります。なぜなら、同じソウル・グループのエネルギーのほうがずっと自分に近いからです。ソウル・グループのエネルギーは常にその人を囲んでいますし、神からの啓示体験のようなヴィジョンを見せてくれたり、守護天使がそばにいるという感覚を与えてくれたりします。各ソウル・グループには悟りを開いた者が一人か二人はいて、アドバイスをくれます。

肉体を持っている者としかコミュニケーションができないと思いこんでいる人は、心の奥からたえまなく聞こえてくる導きの声という、パワフルな知恵の泉から自分を切り離しているのです。こういうことを信じるか信じないかは、あなたの自由です。私たちは気長に待ちます。けれども、これまでの思考の枠を打ち破り、もっと自分の考えを広げ、意識を拡大したいという強い欲求が一人ひとりのなかにあります。こうした欲求が、最終的には、ソウル・グループを自分に引き寄せます。

ソウル・グループのエネルギーの渦は、人間の五官やエゴや知的能力にしばられない、もっと広大無辺の見地から物事を見る能力を持っているので、そういう観点からの情報を送ってくれます。人間は、自分が思いこんでいるよりも、本当ははるかに能力のある大きな存在です。それなのに、あなた方は、自分はか弱い存在で、心から愛し合うことができるのはほんの少しの人たちだけだ、と思っています。実に寂しい考え方です。人々がこのような無力感の壁を破り、もっとのびやかでパワフルな人生観を持てるようにと、私はお手伝いしているのです。

自分が〝大いなるすべて〟という神のエネルギーの一部であり、〝大いなる一〟の一部であることを理解し、一度そう感じることができたら、その認識とともに生きていけます。しかし、自分はか弱い人間で、孤独で、誰からも愛されず、偶然優しい人に出会えば、親切にしてもらえるかもしれないけれど……という考えから抜けでられない人は、孤独感と無力感に包まれます。

「あちら」から助けの手が伸びていることをいったん信じ始めると、それが本当なんだと実感できます。けれども、そう信じるまでは、どんな助けが来ようとも、人はその存在を疑いつづけるでしょう。人生は悩み苦しむものだと信じている限り、その人の人生は悩みや苦しみがつきまといます。自分は喜びと幸せに満ちた人生を送るのだと決心すると、苦しみの人生とは違う人生を送ります。自分が何を信じているかに注意を向けてください。朝、目が覚めて、その日の日常的なドラマが意識に入ってくる前に、心を静めて自分の知りたいことを尋ねてください。答えが返ってきます。

ソウル・グループには、深い愛情に根ざした思いやりの心があります。深い愛情というのは、肉体同士の関わり合いではなく、魂同士の関わり合いです。あなたの魂は何百というエネルギー源、つまり、存在と非常に深い関係を持つことができます。ですから、自分は無力で孤独だと感じる必要は全くありません。ほとんどの人が、自分と深い愛情関係を持てるのは物質界の人間だけだ、という狭い考えにこり固まっていて、自分で自分を殻に閉じこめています。

もちろん、肉体の愛情関係もすばらしいものですが、人間が求めているのはそれ以上のものだということを、私は知っています。深い愛情関係というのは、肉体を持つ人間同士のあいだにもありますが、肉体があることによって愛情が生まれるわけではないのです。人々が求める心の安らぎや知恵やユーモアなどは、いつでも手を伸ばして自分のところに引き寄せることができるのだ、ということをわかってください。**ソウル・グループのエネルギーは、人々があるがままの自分として生き、自分を愛し、自分を十分に楽しむようにと励ましてくれます。**誰もがその人生において、望むものすべてを手に入れるに値するのです。このことに早く気がつけばつくほど、その実現も早くなります。

質問　人生の二極性の否定的な面を、どうしたら受け入れられるようになるでしょうか。

まず、人間にとって否定的とは何を意味するのかを考えてみる必要があります。一つ例をとってみましょう。恋人と大げんかをしたとします。そして、彼、もしくは彼女からひどく心を傷つけるようなことを言われました。ひどい言葉を聞くと同時に、傷ついた心はイメージを描き始めます。感情が、怒りや悔しさのイメージを描きます。そして、人はそのイメージを真実と思いこんで、それに反応するのです。ところが、ここで心に浮かんだイメージが真実かどうか、誰も疑ってもみません。ただ傷ついたと感じ、泣きわめきたくなるだけです。この時点で立ち止まってみてください。そのときの自分の感情に十分ひたり、感情を抑えないであるがままにしてみるのです。あるがままにしていると、何か違ったエネルギーが動きだします。心のなかのイメージの感情的なレベルを通りこして、その後ろにある真実のエネルギーに入ることができます。そうすると、それまでの感情が発散され、解放され始めます。

人が感情のイメージの段階でストップしてしまうのは、自分が感じている感情を発散するのはいけない、と思っているからです。だから、その感情を表現しませんし、表現されない感情のエネルギーが体のなかにたまっていくのです。そうする代わりに、自分のなかに生まれる一瞬一瞬の感情の動きを意識し、異なる感情のエネルギーの動きを抑えず、ありのままを感じることによって、単なる感情のイメージを通りこして、そこで起こっていることの本質を知る必要があります。イメージを通りこしたとき、あなたは何かを学ぶことができます。感情のエネルギーは、いぜんとしてあるのですが、もうそれがそんなに心を傷つけるものではなくなります。どんな感情のエネルギーも、すべては〝神なるエネルギー〟の動きなのですから、心を傷つけたりはしません。ただし、怒りや悔しさのイメージは、決して神のエネルギーではありません。それは人間が生みだした否定性にすぎません。

イメージを通りぬけて、直接、エネルギーに達すると、そこで感じるのは、喜びや美や調和と同じエネルギーです。この宇宙には結局、〝大いなる一〟のエネルギーしかないのですから、同じ感じがするわけです。ちょうどプリズムを通る太陽光線が、入ってくるときは一つの白色光なのに、出ていくときはいくつもの色に分かれるように、人間の場合も同じです。人間に入ってくるエネルギーは一つなのですが、人間はエネルギーを通すプリズムなので、出るときは様々な部分に分かれます。それは色々な行動や考えや感情となって現れます。エネルギーが入ってくるときに、静かに安定したプリズムとなってそれを感じるようにすれば、動揺したりしません。どんなエネルギーが入ってきても、それは、心のイメージに出てくるような断片的なものではなく、〝大いなる一〟のエネルギーであることがわかるようになります。

私はずいぶん長いあいだ、友であるあなた方に対して、声を大にして話しかけつづけてきました。私はあなた方をとても深く愛しています。だからこそ言うのですが、あなた方は条件反射をするように徹底的に訓練されています。あなた方は感情を感じないように教えこまれ、その代わり、条件反射の行動をするように教えこまれてきました。条件反射をするということは、自分で創ったイメージに囚われてしまっているということです。しかもそのイメージは、まるで恐怖映画です。とにかく、感情を感じることから始めてください。感情をありのままに受け入れていけば、それを解放することができます。このことをわかってください。

人間は、心の傷に直面することなど、とても辛くてできないと怖れ、感情を感じることを避けながら一生を終えます。ところが、実際には、あなたはすでに傷を負っているのです。ただ、その傷を超えたところにある、もっと大きな自分の存在を感じていないだけです。それを感じれば、そこにはエネルギーの動きが生じます。ところが、そこにあるのはエネルギーの動きなのだという真理を見ようとせずに、マイナス極への振れを怖れるという幻影に生きる限り、身動きがとれなくなってしまいます。感情は、自分のなかの動いている部分ですから、止まれません。感情は生まれたり、消えたりします。自分と静かに向かい合って、このことを自分で発見する必要があります。

一人になることを非常に怖れている人がたくさんいます。話し相手がいないと、自分というものを経験しなければならないからです。一人にならないようにと、人は自分の人生ドラマになるべく多くの人間を登場させようとします。けれども、自分と静かに向き合ったときに起きるのは、私がこれまで話してきたようなエネルギーに触れ、それと一つに溶け合うことなのです。自分自身が自分にとっての最良の友です。本当の「自分」に出会ったときにやっと、人は心の平安を得、ゆったりとくつろいで、ありのままの自然な自分になれます。

今まで怖れて逃げまわってきたものこそが、実は、長いあいだ求めていた心の平安をもたらしてくれるものなのです。仲間と一緒にいるために、修行場にこもったり、講演会に行ったりするのは楽しいことですが、家に帰ればまた一人です。心のなかの静寂こそが、自分自身を発見する場です。避けるべき相手を間違えていたのです。ここでもまた、世界は「逆さま」です。多くのものが見えるところに本当は「一つ」しかなく、「自分」を怖れて逃げまわっていたら、「自分」こそが本当の「救い主」だったというわけです。「救い主」を外に探していたのに、実は救い主は中にいたのです。それはあなた自身です。

性エネルギーという贈り物

一九八三年九月二十五日、ニューメキシコ州アルバカーキにて

性の問題をきちんととらえるためには、過去に戻って考える必要があります。ご存じのように、性にまつわる問題というのは何も現代に限ったことではなく、昔から色々あったことで、それは不思議なものであり、人々をとまどわせるものです。これをもっと広い見地から見るために、人間の性の持つ役割というものを考えてみたいと思います。性行動に関する「ルール」を、私がここで述べようなどというのではありません。性行動のルールを作るのは、あなたの責任です。それは、どういう社会的法律のもとで暮らすのかを決めるのが、あなたの責任であるのと同じです。

では、過去にさかのぼってみましょう。魂がこの地球にやって来て、肉体を身につけ、これから何をすべきかを決定した時代に戻ります。そのとき、人間たちは「パワー」を与えられました。

このときに与えられたパワーは、七つのチャクラと関係したエネルギーでした。

現代の人は、エネルギーというものを、規則正しい法則に従って動くものだと思っていますが、ここでいうエネルギーは、人々の「存在」のなかをたえまなく動いているパワーであり、それは特定の目的を持つものでした。目的の一つは考えることであり、もう一つは感じることでした。私がいう性エネルギーも、こうしたエネルギーの一種でした。性エネルギーやパワーは、人間一人ひとりが自分の意思で決めて使うようにと、与えられたのです。初めの頃は、性エネルギーはほかのエネルギーと分離してはいませんでした。人を狩猟に駆り立てる衝動と性衝動とのあいだに、たいして違いはありませんでした。その頃は、それぞれのエネルギーのあいだには、はっきりした区別がなかったのです。

はるかな過去世において、すべての人間の体のなかでエネルギーがスムーズに流れていた頃、それぞれの人間は、自分がどんな人間なのか、どんな人間になりたいのかということにもとづいて、人生における様々な選択をしていました。あなたが地球界に転生してきたのは、今回が初めてではないということをここで理解しておいてください。あなた方は、この地球界にずっと長いあいだ、何回も転生してきています。ですから、過去世からの性癖のようなものが各人のなかにあらかじめあって、それが、その人のありよう、意識などににじみでてきます。このような過去からの性癖が一人ひとりの性に対する態度に影響し、その人となりの一部となります。

あなた方が何度も転生して、時間と空間のなかを移動するにつれ、性エネルギーは自己表現の一つの方法となり、人は自分の意思にもとづいてそれを使いました。ほかのエネルギーと同じように、性エネルギーも、一人ひとりが「自分に対してだけ」責任を持つものとしてあったのです。性エネルギーは、「その人らしさ」の一部であり、一人ひとりがしっかり意識すべきものとしてあったのです。自分らしい感じ方、自分らしい行動をするためのものでした。

あなたは、自分の考え方しだいで人生が調和に満ちたものになったり、逆に不調和そのものになったりするということ、そしてその自分の考え方というのは、自分の責任であるということを経験から理解するようになりました。それと同じように、自分の性エネルギーをどう使うかというのも、あなたの責任なのです。けれども、現代では、誰もそうした責任を認めようとはしません。人類はあらゆる意識のレベルで行動のルールを作り上げてきたので、個人はもはや自分自身の責任を取ろうとはしません。何をすべきかは法律や社会の掟《おきて》に決めてもらう、そうすれば自分の責任は問われないと思っています。こういうやり方はうまくいっているでしょうか。「暗黒の時代」の昔に決められた性道徳は、人々に喜びを与えているでしょうか。（あなた方はまだそういう古い性道徳のなかで、生きているのでしょう?）

もう、そろそろ自分自身の性に目覚めるときです。他人のモノサシに左右されず、自分にとって、男であること、女であることはどういうことかを表現することです。いつも生き生きして、元気いっぱいで、優しい気持ちに満ちて、クリエイティブでダイナミック、そして明るくエキサイティング……自分をそんな人間だと感じさせるようなことをしてください。そうすることが、あなたの責任なのです。

社会の掟に従って行動しようとすると、自分の欲望との板ばさみになります。神が人間の性行動のすべてを、関心を持ってじっと見ていると信じている人も多いようですが、実のところ神はそんなことには全く関心がありません。セックスは人間一人ひとりの問題です。神はそんなことにちっともかまってはいませんし、他人もそんなことに関心を払うべきではないのです。神が関心を持っていることはただ一つ、人間がどれほど真理に目覚めているか、その人の生きる力や愛情、他人への思いやりがどんなものか、ということです。社会の掟に従って生きてきて、その結果、怒ったり、恨んだり、人を批判したり、ネガティブになっているとしたら、神と調和しているとはとても言えません。

性や性行動の話になると、いつも決まって同じ質問が出ます。みんなが自分の好き勝手な性行動をとったら、世の中はメチャクチャになるのではないか、というものです。規則をすべて取り除いたら、いったいどうなるのだろうか、という質問も出てきます。これに対する答えが私と地球の人々との考え方の違うところです。人間から社会的な規則を取り去ったら、人々は自分自身の心の掟を見いだし、もっと人間的で自然で優しく親切になる、と私はかたく信じています。

私は人間を信じていますが、人間は自分たちを信じていません。人間は、まるで自分たちは檻《おり》に入れられた動物だ、とでも思っているようです。社会の掟という檻がなくなれば、自分たちは性欲に狂った野獣のようになると信じているのでしょうね。そんなことにはなりませんから、安心してください。人間は〝大いなる創造物〟の一部であり、その気になれば、何が一番よいかを知る能力をそなえています。しかし、自分自身の内に指針を求めるのではなく、社会の掟に判断を求めると、問題の本質が不明確になります。自分自身のなかにある掟は完全に予測できるものです。私は、人間を支配する〝宇宙の法則〟を知っているので、そう断言できるのです。

人間が人間を創りだしたのではないということは、もうわかっていますね。人間は創造されたものです。あなたは、この「あなた」というすばらしきものを与えられたのです。あなたのなかには〝宇宙の法則〟が働いており、これはあなたが自分で創りだしたものではありません。この〝法則〟は例外も全くなく、完全に信頼できるものです。人間が作ったどんな法律よりも信頼できます。自分の「存在」そのものを心から信頼しようと決心すると、他人への深い思いやり、人の心を理解する能力、調和、勇気、知恵など、これまで自分が求めていたものすべてが、自分のなかにすでにあることがわかるようになります。人間の本来の性質、人間存在の本質は〝大いなる源〟の一部であり、それから創られました。そうでなければ、人間が創られたときの「原材料」はいったいどこから来たと思いますか。創造のその瞬間、人間はすばらしい贈り物を与えられました。なかでも重要な贈り物が、男性女性という性別、セクシュアリティだったのです。

外の世界と関わろうとするときに、人はどうも混乱してしまうようです。人は自分のなかのある種の感覚や感情を、他人の感情となんとか調和させようと努力します。また、人はそれぞれ性に関して異なる意見を持っています。みんな違うのですから当然です。自分の性を理解しようとするときに、頭でわかろうとはしないでください。**人が性のパワーから何かを学ぶことができるのは、それが体のなかで動いているときです。**

性エネルギーそのものは、ほかのどんなエネルギーとも同じように純粋です。たとえば、倒錯的行為について考えるとします。すると、パワーが増加します。ここで、ただちに頭が働きだして、「善」か「悪」かの判断を下してしまいます。性というものを自分はどんな目的に使っているか、考えてみてください。他人を自分の思いのままにするために、性的パワーを使う人もいます。セックスがとても「上手」になって、人をコントロールする目的にそれを使ったりします。他人を罰するために性的パワーを使う人もいます。とても「下手」になって、それで人をコントロールしたりします。性的パワーを全く使わない人もいます。

何らかのパワーを手にすると、人は自問します。「このパワーをどう使おうか。誰と一緒に使おうか。自分の人生にどう役立てようか」と考えます。自分の性というものは見ることはできませんが、自分のなかにあるパワーとして感じることができます。そこで、同じような質問を自分にする必要があります。「私は自分の性を何のために使いたいのか」。これは個人的な問題ですから、一人ひとりが自分の心の奥深く、自分の「あり方」そのものに問いかける質問です。誰も性欲に狂った動物になったりはしませんから、こういう質問をすることを怖れないでください。

性について真剣に深く考えていくと、性エネルギーは肉体にとって偉大な味方だということがわかります。もちろん、「味方」はいわゆる霊界にもいて助けてくれますが、ここで話しているのは物質界にいる味方のことです。性が人間の味方だというのは、自分らしく自然に生きることを通して、自分というものをよりいっそう知る機会を与えてくれるからです。自分のなかの性を素直に見つめ、それについて考えるのは、非常に勇気がいることです。年齢に関わらず、どんな人であろうと、性に対して歪んだとらえ方をしていたり、自分の性欲を不快に思ったり、そのことで悩んだりしている人は、性こそが自分にとって解決すべき「未処理」の分野なのだ、ということに気づいてください。

現在、自分の人生に性を表現する相手がいない人は、「自分で」そうしたくないと決めたからです。自分の人間観、人生観に従って性欲が表現されていれば、必ずその人に合う相手が見つかります。醜いからとか、太っているからとか、年をとっているからとか、何らかの理由をつけて自分の性エネルギーを使っていない人は、自分のそういう考え方を外界に投影しているために、そうした現実を経験するのです。性を全く無視して生きれば、面倒が起こらないと思いこんでいる人もいますが、そういう人は性の問題に何度も直面するはめになります。性に心を悩まさなくてもいいようにと、手術までする人がいますが、性エネルギーは手術後も残っていて、自分の体のなかを動きまわっているのを発見することになります。性エネルギーは肉体の一部なのですから、捨て去ることはできません。性欲は肉体が持つ欲望のなかでも最強のものの一つだからこそ、常に人間の味方になることができるのです。

現世でこの問題を解決するか、来世でするか、いずれにせよ、いつかはこの問題に直面しなければなりません。性エネルギーという神からのすばらしい贈り物をどう使うのか、自分のなかではっきりさせることです。そうすると、人生に変化が起きてきます。今までと違う経験をたくさんするようになります。今までなかったものがその人の人生のなかに現れたり、今まであったものがなくなったりします。大切なことは、自分に問いかけ、それに答えることです。「この驚くべきパワーを、自分は何のために使いたいのだろうか」と。

ちょっと乱暴ですが、神は性エネルギーを通して何を人間に望んでいたのか、ということを私が推理してみたいと思います。たとえ話をしましょう。ここにティーンエイジャーがいて、車を買うことになりました。あこがれのポルシェです。さて、いざ車のキーを渡すときになって、親は「これは大変だ」とこわくなります。強大なパワーは非常に危険なことに使われる可能性があるし、ティーンエイジャーの息子、または娘がまだ未熟な子供だということが、頭にひらめきます。これと同じように、神が性エネルギーを人間に与えたときも、「これは大変だ」という思いがありました。

神が望んだのは、このパワーが、深い意識をもって有益な目的に使われることでした。その一つは、人間の喜びのためでした。性の喜びとすばらしさ、そのもののためです。もう一つは、パワーというものがあるということ、それが存在し、動き、創造し、何かの形となり、ダイナミックで変化していくものである、ということを人間に教えるためでした。人間の思考力のほかに、これほどの力を持ったパワーがほかにあるでしょうか。

そして最後に、この贈り物にはもっと高い目的もありました。それは感謝の心です。肉体の喜びに対する感謝であり、命を実感できることに対する感謝、肉体以上のものになれることに対する感謝の心です。性エネルギーが外からおとずれ、体を満たし、感動を与えると、人は喜びを感じ、生きていることを実感し、感覚のすばらしさを味わいます。そういう経験をしたあとでは、今度はそのパワーが反対方向に流れることも可能なことを、理解できるのではないでしょうか。

ちょっと説明しましょう。性エネルギーは外から自分のほうへやって来るもの、または、自分の内部から湧き出てくるものだ、と人は感じています。神が望んだのは、性エネルギーの流れは反対方向に行くこともできるのだということを知って、人間がそのエネルギーとともに、発生源である〝大いなる源〟へとさかのぼってくることでした。エネルギーは両方向に流れます。人間がエネルギーとともにさかのぼることができれば、エネルギーの根源である、〝大いなる源〟と合流できるわけです。

〝大いなる源〟と合流するには多くの方法があり、特に、これと決まった正しいやり方というものはありません。あなた方が、正しいやり方をしなければならないと思いこんでいるから、むずかしくなるのです。あなた方はこれまで「読むべき」本をすべて読み、師につき、「正しい」道を歩んできました。ところが、〝大いなる源〟へ戻っていく道を少しでもかいま見た人は、ここで壁にぶつかります。その理由はその人の思いこみにあります。自分には〝大いなる源〟へ戻っていくだけの資格がないとか、そうするには何らかの犠牲を払わなければならないなどと、信じているからです。したがって、セックスの一瞬一瞬を通して、性エネルギーが教えようとしているレッスンにちっとも注意を払いません。セックスのただなかにありながら、それを感じようとしないので、意識が体験から離れてしまいます。

このように気が散るのには、色々な原因があります。まず第一に罪悪感があります。こんなことをしていてはいけないとか、神が見ているのではないかとか、師が見ているのではないか、と思ったりします。こんなことを考えているので、セックスをなかば無意識的におこない、性の不思議な魅力も性エネルギーの動きも感じることができません。

性エネルギーは人間の味方なのです。けれども、どんなに力強い味方も、心ここにあらずの状態にいる人や、耳を傾けようとしない人を助けることはできません。意識を集中させ、セックスの初めから終わりまですべてに注意を払い、自分の反応や感情を見つめ、エネルギーがどんな動きをしているのか、性エネルギーが自分をどのように解き放ってくれているのか、どこのところでエネルギーがとどこおっているのか、そのとどこおりをどうするのか――このようなことに注意を払う必要があります。意識がそこになければ、人はそこにはいないわけで、何も学ぶことはできません。

性生活が満足なものでない場合、パートナーの数を増やせばいい、と思っている人がたくさんいます。それでもまだ体力が余っていると、自分がまだ満足していないだけでなく、パートナーの数が増えた分、自分に文句を言う相手も増えたわけで、悩みの種を増やしてしまったことに気づきます。なかには、自分の問題は現在のパートナーが悪いのであって、もっと官能的な相手を見つければ、満足が得られると思っている人もいます。そうして、違うパートナーを見つけてみても、まだ不満です。性エネルギーから満足を得られるのは、それがすべてのレベルで賢明に使われたときだけです。そうでない限り、満足は得られません。性エネルギーは、この喜びのレベルまで来たらストップする、などというようには創られていないからです。

では、もっと深い経験をするにはどうしたらいいのでしょうか。瞑想をしている人は、自分の体のなかを流れ動くエネルギーをはっきりと感じ、そういうエネルギーは自分の肉体を超えたところから来ていることを知ります。性エネルギーにも同じような働きがあって、あなたをより広大な意識へと誘う「引き金」となります。自分がすべてのレベルで学び成長していく手段としてセックスを利用したければ、自分の内部やまわりで何が起こっているかに耳を傾け、注意を払わなければなりません。静かにして意識をとぎすますのです。性エネルギーの動きに気づき、それを感じ、動くさまを知るようにならなければなりません。生殖器部分は宇宙のパワーであるクンダリニーの発火点に非常に近いことも、観察していくとわかります。意識を完全にとぎすましていると、パワーを急増させ、背骨の基部にあるチャクラから天頂のチャクラまでエネルギーをかけのぼらせて、途中のチャクラにすべて点火する能力が自分のなかにあることがわかります。

性エネルギーのすばらしさを感じない人は、そう感じないように、頭のなかで何かがスイッチを切っているからです。このエネルギーは一方向に流れるだけではない、ということを思いだしてください。エネルギーの筒の一方の端と、もう一方の端を分離するわけにはいきません。それらはつながっているのです。性は神から人間への贈り物です。神からの贈り物はすべて、一つの目的を持って与えられました。将来、神のもとへ、〝大いなる源〟に戻っていくために使われるようにです。

ティーンエイジャーは、車やお金をもちだして、好き勝手なことをするかもしれませんが、いつかはその車を使って家に帰ってくることを親は望んでいます。神も同じ気持ちです。神は、人間が神のもとを離れ、ティーンエイジャーのように好きなことをして、遊びまわるままにさせています。しかし、人間もいつかは寂しくなって「家」に帰りたくなるだろう、と神は期待しています。どの転生の人生でどんなふうに性エネルギーを使うかは、あなたの自由です。けれども、性エネルギーは、それを使って「家」に帰るようにと、神から与えられたものであることを忘れないでください。何か質問がありますか。

質問　「クンダリニー」のパワーは非常に危険で、それを得るには師につくべきだと思っていました。違うのでしょうか。

長時間の瞑想や禁欲生活、プラーナヤーマ（ヨガの呼吸法）などの精神的修行をしてこのクンダリニーのパワーを「獲得」し、自分の意思通りにそのパワーを使おうというのでしたら、確かに師につくべきでしょう。私が人間として転生したときの経験から言いますと、私には師もいませんでしたし、私がしようとしていることを理解できる人も全くいませんでした。私にあったものといえば、エネルギーの動き、それだけでした。私が確信をもって言えるのは、エネルギーの動きというのは完全に信頼できるものだということです。エネルギーはそれ独自のやり方で動き、独自のペースで進むのであって、私の能力以上のスピードで進んだり、能力以上のところへ私を連れていくこともありませんでした。すべてがうまくいきました。

エネルギーが動くままにまかせて、エネルギーに従うようにすると、エネルギーはそれ独自の道を開いてくれます。まるで奥山に湧き出た小さなせせらぎが軽やかに山を流れ下りるかのようです。けれども、ダムの門を開けて、いっせいに水を放流すると、水の勢いが激しくて危険です。

ですから、自然にマイペースでやってください。

何をするにも師が必要だなどと思いこまないでください。あなた自身が教師なのです。パワーはあなたの内部にあって、人はそれぞれがパワー制御装置のようなものを持っています。エネルギーが動くに従って、道も開かれていきます。私の言うことを鵜呑《うの》みにはしないでください。もちろん、ほかの人の言うことも鵜呑みにしないでください。自分自身の内なる声に耳を傾けてください。少しやってみると、自分も性エネルギーについて知っていることがある、ということがわかります。性や性エネルギーから、自分が切り離されていると感じる必要はありません。

セックスによる結びつきの目的は、すべてのレベルで人をはぐくみ、育てることにあります。セックスへの理解を深めたいと思っているパートナーがいる人は、自分をはぐくみ、育てるものはどこから来るのかを知るために、次のようなことを実行してみてください。欲しいと思う人はタントラ・ヨガの本を手に入れてもいいでしょう。けれども、べつになくてもかまいません。自分にとってセックスとは何かということについて、自分自身の本を書くつもりになってください。そのために自分が実験場となり、実験体となるのです。

では、あなたがパーティに出席しているとします。誰かがあなたに近づいてきて、その結果、あなたは自分のなかで性欲が湧き起こってくるのを感じます。修行をしている人は、「性エネルギーを今経験することは有益だろうか」と、ただちに自問します。一番下のレベルにいる人にとっては、答えははっきりしています。快楽です。そこでそのための行動をとるか、またはとらないことを選びます。

もう少し高いレベルにいる人は（私は、この「レベル」という言い方をまるで信じません。でも、みなさんは大好きでしょう?）、「ちょっと待てよ。今このエネルギーを行動に移すと、私の人生に混乱が起きるだろう。それだけの価値があるかどうか」と考えます。それだけの価値があると思えば行動に移し、ないと思えば行動しないでください。そして、いずれを選ぶにしても、自分の行動の責任をとる覚悟をしてください。最も高いレベルにいる人は、「このような状況でこの人と性の表現をすることは、私にとって、神を理解するのに最もふさわしいかどうか」と、自問します。

これらの行動の結果、人は知りたくなかったことを知ることになります。どんな場合も似たもの同士が互いを引き寄せますから、低いレベルにしかいない人が、自分より高いレベルの人に魅力を感じるということは、まず起こりません。低いレベルの人にとって、自分より高いレベルの人は自然さに欠けるように見えるからです。その次のレベルは、「かたく結ばれているカップル」のレベルです。彼らは必ずしも高い意識をめざすことを第一義にしているわけではなく、相手という人間とかたく結ばれているのです。一番高いレベルの人たちは、自分の人生のあらゆる出来事や経験を、「神のもとへ帰る」覚醒のために使おうとします。

質問　性エネルギーはどのように動かせばいいのですか。

自分の体のなかのどの部分で性エネルギーを感じているか、まず見つけてください。そして、「その感覚とともにいる」ことによって、その感覚をとぎすまします。自分の想念が現実を創造するということを、あなたは理解しているのですから、意識的に自分の体のなかでエネルギーを上昇させようと決心するのです。すると、エネルギーが上にあがり始めます。ほとんどの人は、人間の体には七つのチャクラがあると信じていますが、実際にはもっとあります。体のいたるところにチャクラがあります。

エネルギーを動かし始めると、これらのチャクラがまわりのチャクラの「スイッチを入れ」ていきます。これは神経間のシナプス（ある神経の軸索とほかの神経の樹枝状突起との接触部分）の動きであり、非常に速いスピードで起こります。いったん始まったら、もうコントロールすることはできません。あなたがするべきことは、エネルギーを感じ、エネルギーそのものとそれを上昇させたいという自分の願望に意識を集中することです。そしてエネルギーが動くにまかせます。

エネルギーは、自分の意識が向いている体の部分に移動します。まず、一番下のチャクラから始めて、順番に上のチャクラへと意識を集中させていきます。こうすると、エネルギーが天頂のクラウン・チャクラを通りぬけます。やってみてください。

性エネルギーは神から与えられた贈り物のなかでも、最高のものの一つだということを忘れないでください。この贈り物には何のルールもついてきませんでした。ルールを作ったのは人間です。自分が話す内容の質や自分の行動の質や人生に起きるあらゆることの質が、一人ひとりの責任であるのと同じく、性行動の質も一人ひとりの責任です。あなたが決めることです。「間違った」こととか、「正しい」ことというのはありません。あなたがどれを選ぶのか、ただそれだけのことです。

質問　性に関する社会的ルールは、人間が「神のもとに帰る」のを怖れているから、作られたのでしょうか。

性に関する社会的ルールを作ったのは、自分が性の表現を自由にできないと感じた人たちです。現代の人々のことを言っているのではなく、古代の聖職者たちのことをさしています。彼らは、自分たちは一般の人とは違うと思い、自分たちはセックスをすべきではないと決めました。この掟を作ると、ただちにそれをほかの人々にも強要しました。それ以後、性は多くの社会的制限を課せられるものとなりました。

セックスの融合体験を通じて、多くの人々が完全なる悟りを開いたにもかかわらず、この掟は守りつづけられてきました。聖職者たちは、自分たちのやり方で達成された悟り以外は本物でないと信じたのです。ちょうど、医者が、西洋医学の治療法以外で治った病気に対し、当初の診断が間違っていたにちがいないと信じるのと同じです。古くからつづいている宗教のやり方に従っていれば、そこで起きた「悟り」の経験も信じてもらえます。あなたが守っている規則を作ったのは、神だなどと誤解しないでください。神は人間に何も強制しません。

ここではっきり申し上げますが、あなた方の人生で起こっていることの大半は、いわば実験です。人生は、創造しつづけるダイナミックなアクションです。神がやるべきことをすべて示して、人間はただそれを実行するだけだったら、人生にどんな意味があるというのでしょうか。人生は、神秘に満ち満ちたすばらしい創造の過程であり、あなたもその創造の一部です。あなたが考えたり言ったり、したりすることはすべて、この創造的行為を構成する要素です。したがって、「過《あやま》ち」などというものは存在しませんし、「悪い」ことも存在しません。すべては「生きること」なのです。

はい、では説教はこれくらいで終わりにしましょう。みなさん、今日はどうもありがとう。

自分を愛する

一九八四年二月二十六日、ニューメキシコ州アルバカーキにて

今朝、このセッションを始める前に、ある人から、「人生は学びの過程だということですが、なぜこんなに辛くて苦しいのでしょうか」と質問されました。この質問とそれへの答えとを、今日の話のなかに織りこんで、その意味を見いだしたいと思います。

この質問には非常に心に迫るものがあります。あなた方がこの地球界にやって来た目的が学ぶためだというのであれば、なぜ人生はこんなにも辛いことが多いように見えるのでしょうか。人生は自然な動きと感動と美しさに満ちたものだと言われるのに、なぜ多くの人の人生がそれらとかけ離れたものに見えるのでしょうか。

私たちはこれまで、宇宙的現実や希望、欲望などについて広大な理論を展開してきました。しかし、最後に行き着くのは、たった一つの基本的事実です。自分には結局たった一つのものがあるにすぎない、ということに気づくときが来るのです。そのただ一つのものとは、自分自身です。この世を生きやすくするために、人間が人生の過程で使う「小道具」のすべては、いつかはなくなります。あなたの人生に意味を与えてくれるような人との関係もいつかはなくなり、一人ぼっちになります。子供もいつかは親元を去ります。重要な地位についていても、退職したり、職を失ったりします。美しい人もいつかは老います。パワフルな人も力をなくしたり、体力が衰えたりします。

多くの人が私のところに来て、「何にもまして、私は神を知りたい」と言います。しかし、その人たちは自分のなかに、神から受け入れられない部分があると思いこんでいて、本当はそれをどうしたら取り除けるかということを知りたいのです。たとえば、怒りや嫉妬などの「否定的」な感情をどうしたらなくせるか、ということです。けれども、自分の一部であるそれらを、どのようにして取り去ることができるのでしょうか。

そのために人々が試みる方法は色々ありますが、まず第一に多くの人がするのは、自分を怒らせるような状況や人々をいっさい避け、嫉妬を感じさせるような人間関係を全く作らないことです。自分を理想の姿からおとしめる嫉妬や怒りの感情を、自分のなかから取り除こうとして、自分の人生をちぢこまった狭いものにしてしまいます。

極端な場合は、こうした行動が人生の「放棄」にまですすみ、避けたいと思う感情を引きだす外界の刺激から自分を切り離すために、洞窟や家に閉じこもることになります。ところがある日この人が家から出て、あるいは、山を下りて、店で買い物をしようとすると、誰かが列に割りこんできます。すると、今までの平和な気持ちがたちまち怒りに変わってしまいます。

そこで、この「放棄」は効果がないと悟った人が、次に試みるのは、意思の力で怒りを感じないようにすることです。そうすると、その人の顔は仮面になります。顔には作られた笑いがいつもあり、あごは緊張しています。いつも笑顔をたやさずにいなければなりません。ちょっとでも油断すると、泣いたり、わめいたり、何か「すべきでないこと」をしてしまうかもしれません。意思の力で、自分の体のなかを流れる感情を押さえつけようとするのです。この方法はしばらくは効き目があるでしょう。しかし、ある日、何かその人の感情を爆発させるようなことが起きて、あごを引きしめて押さえるまもなく、自分が避けようと努力してきた、その感情や怖れが表面に出てきてしまいます。これでは何のために努力してきたのかわかりません。

このような方法を試みる一方、同時に、あなたは他人をあやつるというすばらしいゲームも演じています。まわりの人々が自分を困らせたりしないように、あなたはまわりの人々を自分の思い通りに動かそうとします。まわりの人間が正しく行動してくれたら、あなたがよからぬ行動に出る必要がないからです。恋人があなたを嫉妬させないように注意してくれたら、あなたは嫉妬したりしないのです。決して怒ったりしない上司を選べば、怒りの感情にわずらわされなくてもいいのです。したがって、あなたはまわりの人々や環境を思う通りにしようとします。どうしたらいいかわからないようなことは、放っておきます。自分のなかのそういう部分に直面するのがイヤだからです。自分のなかの否定的な部分を見たくないために、たとえ自分を映しだしても、特に強い感情を引き起こさないですむ「弱い鏡」の相手を求めて、恋愛関係を渡り歩きます。

しかし、最後にはこれもすべて失敗します。ある日、自分のなかをかけめぐる小さな「悪魔」を、自分の力で追いだすことはできないことに気づきます。そして、今度こそすばらしいアイディアが浮かびます。「神様にお願いしよう！」。自分ではできないので、神にやってもらおうというわけです。そこで、まず神を「見つけ」なければなりません。神を見つけたら、自分のなかにある好ましくないものをすべて取り去ってくれるように神に頼むつもりです。誰もが一度は神にこうして頼んだことでしょう。その結果、何か変わりましたか。

そういうわけで、今度は「魂の覚醒」という新たなゲームを始めて、「悟り」への長い道のりを歩き始めます。あなたは師のもとに通い、読むべき本をすべて読み、するべきことをすべてし、正しいマントラ（くり返し唱える語句・アファメーション）をすべて唱え、非常に熱心で模範的な生徒になります。これをすべて実行したら、神を見つけ、自分の否定的な部分を捨てることができると考えます。

ここでちょっと話がわき道にそれますが、私をチャネリングしているメアリーマーガレットをよく知っている人は、なぜ彼女がこのチャネリングの仕事に選ばれたのだろう、と不思議に思ったのではないでしょうか。彼女はおぼえてはいないと思いますが、これには理由があります。

ハワイに住んでいた子供の頃、彼女はハワイの古い教会跡に行っては、一人で何時間も過ごしました。廃墟の石の上にすわり、足をブラブラさせながら考えごとをしました。様々な宗教が同居しているハワイでみんなとうまくやっていくには、それらを理解しなければならないと思っていたのです。

ハワイの主な宗教だけでも、仏教、モルモン教、カトリック、禅宗、プロテスタント系キリスト教、ハワイ古来のカフナ教などがありました。彼女の父親は、仕事の都合でこれらの教会や寺を訪問しなければならず、娘も一緒に連れていきました。そうするうちに、これらの訪問から非常に異なった内容の教えが彼女の意識に入ってきました。一見矛盾するこれらの教えをどのように考えたらいいのか、彼女は迷いました。古い教会跡にすわって足をブラブラさせながら、こういうことを考えていたのです。

その結果、この矛盾を解決するには、「たった一人で孤島にいて、本も友だちもなく、自分以外に頼れるものもない人は、どうやって神を見つけたらいいのか」という問いに答えることが必要だ、という強い確信が彼女の意識から生まれてきました。以来、彼女の探求が始まりました。

今日私がお話することは、彼女が何年も前に発した問いに対する答えです。究極的には、すべての人は孤島に一人ぼっちでいるのです。今まで読んだ本も、今まで唱えてきた祈りも、あなたが感じている空しさの前では何の意味も持っていません。

そこでまず、あなたがどんな人間かという基本的な部分はほとんど変わらないんだ、という事実を受け入れてください。たとえどんなことをしようとも、どんな精神修行をしようとも、あなたはほとんど変わらないということです。あなたは何十億という経験の成果であり、**あなた以外の何ものでもありません**。したがって、「自分は自分である」ということを認めることから、始めなくてはなりません。

この事実を心の奥深くでかみしめ、自分のものにしたあとでも、たとえば、嫉妬心が起きたりします。まわりを見まわしてみると、自分が再び感情にしばられていることに気づきます。嫉妬心から抜けでることができず、その感情に囚われています。嫉妬心から逃れることはできません。**なぜなら、逃れる必要がないからです**。今までのあなたは、自分にはどこかいけないところがあるから直さなくてはならない、という仮定にもとづいて生きてきました。私に言わせてもらうなら、あなたにはどこも悪いところなどないし、直さなければならないところもありません。ただ、あなたが自分のなかの特定の部分を愛していないことが原因で、心の緊張が生まれています。あなたがそういう自分の一部を愛せないのは、同じように自分の愛せない部分を無視している人たちから、愛してはいけないと教えられてきたからです。

自分の心のなかに入っていき、自分の全存在のパワーを使って、「嫉妬心のまっただなかにいる自分を愛します。怒りの行動のまっただなかにいる自分を愛します。自己憐憫を感じている自分を愛します」と言うことで、あなたは自由を獲得できます。どんな感情であれ、どんな想念であれ、どんな行動であれ、そのただなかで、「私はこの瞬間、ありのままのこの自分を愛します」と宣言することから、あなたの自由が生まれます。

こういうふうに言うと、「自分のイヤなところも愛してしまうと、一生それを捨てることができないのではないか」と怖れる人も出てくるでしょう。そこでこれから、人間の内部やまわりで何が本当に起こっているのか、このような感情がどのようにして発生するのか、自分を受け入れることがなぜ解決となるのかについて、宇宙的観点から説明したいと思います。どうかこれから言うことを実行するように努めてください。

事実はこうなのです。想念は人のまわりにいつも漂っていて、想念と人とのあいだにはオーラ（霊域）と呼ばれるものがあります。それぞれの人の性癖により、まわりにただよう想念のなかの特定のものを選び、自分に引きつけます。人はいつも同じ想念を自分に引きつける傾向があり、同じ道を何度も何度も歩くはめになります。自分には価値がないという考え、怖れや憂鬱、自分を卑下する考えや否定的想念などをくり返し引き寄せます。

ここが重要な点なのですが、想念が入ってくる時点で、それは感情に転化します。この感情があなたのなかに入ってきて、いわゆる魂と呼ばれるもののなかに記録を残します。その瞬間、未来の行動が形成されます。このプロセスが理解できますか。想念は外にあるのです。想念はあなたのオーラを通過して入ってきます。あなたにぶつかり、感情として記録されます。その感情から、あなたは未来の行動を創りだすのです。たとえば、「あいつはおれが嫌いだ」という想念がやって来ます。それから転化した感情は怒りで、そこから引き起こされる未来の行動は復讐です。

あなた方が地球界にやって来たのは、あらゆる感情を経験し、これらの感情をマスターできるようになるためです。自分がどう反応するか、どの想念を引き寄せるか、どんな行動を自分の人生に生みだすのかを、「自分で選ぶことができる」という事実に気づくことによって、感情をマスターできるようになります。そして、ここで私が言いたいのは、あなたが引き寄せている想念のほとんどは、自分にはどこかいけないところがある、自分は愛されるべき人間ではない、愛されるには何かをしなければならない、という信念に根ざしているということです。この否定的傾向を変えるために、新しいマントラを熱心にくり返し唱えることを毎日実行してください。このマントラは今まであなたが考えもしなかったもので、「**私は自分を愛しています**」というものです。このマントラで、憂鬱な気分から幸せな気分へと一瞬にして変わることができます。

さあ、やってみてください。楽しいことを考えると、幸せな気分になります。憂鬱なことを考えると、イヤな気分になります。しかもあなたは、ただここにすわっているだけなんですよ。何か起きたわけでもないでしょう？　誰かがあなたを殴ったわけでもないでしょう？　誰かがあなたを愛してくれましたか。もちろん、何も起きませんでした。あなたは椅子にすわっていただけなのに、気分をすっかり変えてしまう能力を、自分が持っていることに気づいたことと思います。

自分の想念を変えるだけでよいのです。想念を変える方法は誰でも知っていますし、いつもしていることです。すわったままで自分のムードを瞬間的に変えることができるとしたら、静かにすわって「私は自分を愛しています」と心から信じて唱えると、自分のなかで何かが起きるのを感じることも当然できます。そして、温かさを感じ始めるはずです。心のなかには本当に「炎」があるのです。愛によって点火されるチャクラがそれです。こうしたことのすべては真実です。自分に対する愛の感情にひたることによって、温かさを生みだすことができます。これから一ヶ月のあいだ、毎日心静かにすわって、この感じを味わう時間を自分のために作りだし、試してみてください。

では、いわゆる否定的感情が湧いてくるときには、いったい何が起こっているのか、説明したいと思います。あなたが今椅子にすわって、温かさやパワーを自分の内に感じ、幸せな気分でいるとします。そこに、電話がかかってきて、受話器を取ると、誰かが「おまえはひどいやつだ」と言います。そこで、一瞬前にはなかった感情が発生します。そして例のプロセスが始まります。想念があなたのまわりに近づき、あなたはその想念を引き寄せ、「それを感じます」。それは大きくて重い荒けずりの岩のように感じられるかもしれません。あなたはそれを取り除きたいと思います。あなたの頭は自分のなかに入ってきた想念を否定しようとしますが、結局うまくいきません。前にもこの否定をやってみましたが、うまくいったためしがありません。

では、代わりにこの方法を試してください。自分のなかにイヤな感情を感じた瞬間、自分にこう言うのです。「**私はこの感情を愛します**。それを歓迎します。この感情は、去る必要もなければ、変わる必要もありません。私の一部なのですから。私はこの感情を受け入れます」。そうすると、心のなかにいつもある温かさが、この「岩」の方に動いていきます。そして、ゴツゴツした岩をなめらかにし、それを囲み、ボロボロにし始めます。つまり、この「岩」に対するあなたの愛の力を通して、「岩」はその愛を自分の身につけます。それはあなたの愛で満たされます。愛がこの「醜い」感情の塊《かたまり》に注ぎこんで、それを囲み、高揚させます。そしてこの感情は「愛にあふれた」感情に変わるのです。

そこで**人は、自分の持つ愛とそこにある苦しみという二つのものを、同時に感じることができる**ことに気づきます。愛の力は限りなく大きく、愛が内包できないものは何もありません。この限りない愛の力を使うことこそ、あなたが学ばなければならないものです。愛する者を失った悲しみがどんなに大きくとも、心のなかに、その悲しみと限りなく大きな愛を同時に持つことは可能です。どちらかを選ぶ必要はないのです。嘆き悲しみたいときは、思いきりそうしたらいいのです。病気をしてもいいのです。どんな悲しみも後悔も罪悪感もすべて思いきり感じていいのです。あなたの心のなかにある愛は限りなく大きなものですから、どんな感情も包みこんでくれます。

何も心配する必要はありません。**感情はあなたの子供なのです**。それはあなたの子供です。子供たちが欲しいのはあなたの愛です。その感情を生んだのは、ほかならぬあなたなのに、あなたはそうした感情をまるで親なし子のように扱っています。けれども、それを創りだしたのはあなた自身なのです。

これらの否定的感情をあなたの愛で温め、受け入れてやることで、「変化」や「変容」が現実のものとなります。自分は限りなく大きな存在であり、どんな感情をいだいても大丈夫なんだと確信できると、何ものも怖れることがなくなります。この世に存在するもので、自分が内包できないものは何もないのだとわかると、こわいものがなくなります。

愛する者を失った悲しみがどんなに大きくとも、どんなにひどいことが身に起こっても、その感情を自分の心にいだき、なだめ、温め、心を開き、愛することができるのです。大きな心の痛手を受けた人も、それから逃げないでください。それを愛してください。あなたを傷つけた人を愛するというのではありません。そうではなくて、その苦しみの感情を愛するのです。

伝統的なキリスト教では「汝の隣人を愛せ」と教えています。しかし、実は、「自分と同じように」という言葉がその前に来るのです。この点を説明したいと思います。この部屋にいる人のなかで、「できれば隣人を愛したい」と思っていない人はいません。そこで、誰かにひどく傷つけられたとき、相手を愛そうにも、心の傷のために愛せないというジレンマにおちいります。そして、「愛そう」と努力します。それは立派な努力ですが、残念ながらうまくいきません。それがうまくいかない理由は、自分が欲しいものを他人に与えるという難題を、自分に要求しているからです。**愛が欲しいのはあなたなのです。**ところがあなたは、自分を愛してくれないと感じる人に、その愛を与えよう、と自分に言いきかせているのです。

ここで違うやり方を提案しましょう。その人たちを愛さない自分というものを愛するのです。**その人たちを嫌っている自分を愛してください。**頭でそう考えよ、と言っているのではありません。誤解しないでください。私が言っているのは、心で感じる感情のことです。やってみさえすれば、私が話している温かい気持ちを心で感じられない人はいないはずです。誰かを愛せない自分、誰かを嫌っている自分さえも愛し始めると、すばらしい魔法の力によって変化が起こり、その状況そのものが温かさを帯び、自分が相手を愛せないからイヤな気分になる、ということがなくなります。

今まで外の世界に求めていたものを、「自分で生みだす」ことができることに気づいたときに、やっと人生のマスター、本当の主人になるのです。人は、愛や生活の安定、心の安らぎなどを自分以外のところに求めてきました。それらを自分のなかに見いだした瞬間、その人は自分の人生の主人になります。これは傲慢な意味ではなく、人生のすばらしさを意味しています。そうして、初めて他人を愛することができるようになります。それまではダメです。それまでは、どんなに巧妙で目立たない方法であっても、人はお互いに何かを要求し合っているからです。自分が求めているものを相手がくれないと、傷つけられたと感じたり、悲しくなったり、どうしていいかわからなくなったり、誰も愛してくれないと感じたり、憂鬱な気分になったりするのです。

自分の人生のマスターになって、自分を愛していると感じられるようになると、あなたの人生は愛の行動ではなく、愛の流れとなります。誰が目の前にいようとも、愛の流れを感じることができるようになります。この愛は特定の個人に向けられたものではありません。目の前を犬が通りすぎても、子供が通りすぎても、それが近所の人であっても、敵であっても、すべて同じです。自分の子供と同じように敵を愛するというのは、何だかおそろしい気がするかもしれません。しかし、**自分が愛の流れそのものになることで、あなたは自由になることができるのです。**

今まで外の世界に向かって請い願ったり、交渉したり、色々な手を使ってやってほしいと頼んだことが、自分自身でできるようになると、ゲームは終わるのです。流れ動く愛そのものとなったあなたの行動のすべては、満ち足りた意識に動機づけられているので、ゲームを演じる必要がなくなります。人とともにいることを望まなくなるというのではなく、人と一緒にいる必要がなくなるということです。この二つは違った状態です。自分という人間存在のおもしろさ、すばらしさを深く感じるからこそ、他人ともオープンに誠意をもってつき合えます。必要からつき合うのではなく、喜びをもってつき合うのです。そうしたいからつき合うのであって、ほかにどうしようもなくてつき合うのではありません。

一人で心静かにすわって、「私は自分を愛しています」と唱え始めると、自分のなかでイヤだとかよくないと思っていることが、次々と頭に浮かんできます。「私がこんなにダメな人間でなかったら、愛せるのだが……」、「嫉妬深くなかったら……」、「怒りっぽくなかったら……」、「こんなに太っていなかったら……」、「こんなにやせていなかったら……」など、今まで考えたこともなかったようなことまで、次々に浮かんでくるでしょう。こうしたリストを紙に書きとめてみてください。とにかく書きだしてみて、それからどんなに時間がかかってもいいですから、その内容を逆のものにしてください。「ダメな人間である、そういう自分を愛します」と書き換えます。今まで自分で愛そうとしなかった部分、さげすんできた部分のすべてを愛する努力をするということです。

人間は原罪を持って生まれてきた、と信じている人がたくさんいます。そういう人たちは自分たちには何かいけないところが生まれながらにあって、死ぬ前にそれを償わなければならないと信じています。人間には何も悪いところなどありません。何か「悪い」ところがあるとしたら、それはあなた方の想念です。それ以外は何も悪いところなどありません。人は自分の「子供」から自由になることはないですし、自由になりたいという人もいないでしょう。四十五歳にもなった子供と同居するのはごめんですが、子供に自由で創造的で、ダイナミックで生き生きと自分の人生を生きてほしいと親は望みます。でも、子供から自由になりたいとは思いません。色々な感情はあなたの「子供」なのです。感情はあなたを構成するすばらしい要素であり、あなたの創造物であり、あなたがあなたである本質的なもの、これまでのあなたを形作ってきた要素です。感情はあなたの一部です。

これまでの宗教は、この世には人間が克服すべき罪があると教えています。しかし、私の経験では、自分の「子供」（感情）を愛することができれば、次々と現れつづける**自分のなかの罪深いとされている部分をもすべて、愛することができます**。これはあなたが死ぬまでつづける作業です。毎日何か新しいものが生まれているのですから、それは当然ではありませんか。

人間は常に創造しているダイナミックな存在で、命のすばらしさにあふれ、日々変化しています。毎日、あなたのなかの一部が表面に出てきて、新しい経験をするたびにあなたの新しい面を見せてくれます。自分にそんな面があるなどとは夢にも思わなかったような部分を発見します。あるときは怖れ、あるときは勇気を示し、ユーモアのセンスがあったり、笑ったり、泣いたり、怒ったり……というように常に変化しつづける模様を描きながら、あらゆる感情が人のなかには存在します。**これこそが人生の不思議であり、すばらしさなのです。感情の織りなす模様を完全な形に固定しようとするのをやめれば、各部分の動きを楽しむことができます**。

イエス・キリストや釈迦牟尼の人間性に対して持っている誤った考えや、神が人間に何を望んでいるかに関する誤解にもとづいて、人は自分を「完全な形」に凍結しようと努力しています。人間は神さえも特定の形に押しこめようとしました。しかし、神はあなた方が考えているよりもっと利口ですよ。神は一瞬も止まらずに動き、変化し、進化し、拡大しつづけ、ひとときも同じではない、すばらしい存在です。そうでなければ意味がないではありませんか。

神は退屈しながら、永遠に一人でじっとすわっていることを望んでいる、と本当に信じているのですか。このような宇宙を創り上げておきながら、それが常に同じであることを要求する神とは、いったいどんな神でしょうか。宇宙の初めに人間を生みだした、この〝大いなるパワー〟は実に聡明でした。人間は自分を創りだしはしませんでしたが、このすばらしい創造物の一部であることは確かです。

人間は、自分が完璧でなければ神の愛を自分の中に経験できない、と信じてきたために、自分には愛する能力がないと思いこんでいます。**これは全くの誤りです**。親から、「結婚前に肉体関係を持つと、神から愛されない」と言われたあなたは、それを信じてしまいました。もっとも、全くそうしないというほど信じたわけではなく、関係を持ったあとで罪悪感に悩まされる程度に信じたわけです。人間の自然として、あらゆることを経験してみたいのに、親は子供に経験してほしくないのです。ですから、人生の初めからもうジレンマにおちいっていると言えます。この世に生まれおちた瞬間から、矛盾に満ちた人生ドラマが始まりますが、その基本的な原因は、自分には愛する能力がないという、誤った思いこみにあります。

人間は自分で自分を創ったわけではない、と前に述べました。宇宙のあらゆるものを創った〝大いなる源〟から、人間は創られました。すべての子供は親の一部であるように、あなたもこの〝大いなる源〟の一部なのです。どんな例外もありません。〝大いなる源〟は、まさにあなた自身のなかにあるのです。あなたの体のなかには〝大いなる本質〟、〝大いなるパワー〟、〝大いなる実体〟、〝大いなる光〟があり、あなたから呼び起こされるのを待っています。

「私は自分を愛しています」と言えば、それらの反応を感じることができます。瞑想によってこれらを呼びさませなかった人は、自分自身をまだ愛していないからです。「私は自分を愛していますと」と言い、愛を感じる努力をするたびに、自分のなかの〝大いなるパワー〟を高め、〝大いなる炎〟をあおり立て、〝大いなる光〟を自分のなかに入れていることになるのです。〝大いなる愛〟の実体を外に探しにいく必要はありません。自分のなかにあるのですから。自分を愛することに心を向けることによって、愛のパワーに点火することができます。この人のほうがあの人より多くの愛を持っている、ということはありません。**みんな同じです。**

このことをわかりやすく、スープを例に話してみましょう。人間一人ひとりは、自分のなかにどんぶり一杯のスープを持っています。イエス・キリストや釈迦牟尼の場合は、スープは熱々のパワフルで流動的なアンブロシア（非常に美味な神の食物）でした。そのスープはすばらしい香りがし、火にかけられているのでとても熱く、体を温めてくれるので、キリストも釈迦牟尼もスープを感じることができました。スープは生きる意欲を湧きたたせ、生きているという実感を与えてくれました。

あなたの問題は、スープが冷めてしまっているということです。これはそれほど大きな問題ではありません。自分がしなければならないことは、火をおこすことだけだということがわかれば、もうあなたは自分自身の主人です。自分の火をおこすにはどうすればいいか、あなたはちゃんと知っています。何が自分を生き生きと感じさせてくれるか、あなたは知っています。「人生、生きるに値する」と自分に感じさせてくれるものは何か、あなたは知っています。朝起きて、早くその日のことにとりかかりたいと感じさせるものは何か、朝、布団をかぶっていつまでも起きたくないと自分に感じさせるものは何か、も知っています。どうか、自分が本当にしたいことをしてください。自分の人生に火をつけ、自分にパワーを感じさせ、心のなかに温かいものを感じさせてくれるようなことをしてください。自分を殺すようなことはやめてください。

あなたの内なるパワー——あなたの命令通りに動いて、あなたのなかにいる「子供」を抱きしめ愛するそのパワーこそが、神の〝大いなる愛〟です。あなたは神の愛なのだということを忘れないでください。あなたはこれまでずっと神の愛そのものであり、神の一部でなかったことはかつて一度もありません。この〝神性なるもの〟、永遠の〝神性なるもの〟は常にあなたのなかにあり、あなたの意思のもとに動いています。自分の苦しみや怖れを抱きしめたいと思って意思の力を働かせると、〝神性なるもの〟はその通りにします。苦しみや怖れを完全に受け入れ、抱きしめてくれます。こうして抱きしめられると、あなたの苦しみは消えてしまいます。キリストは一度も泣いたことがないと思いますか。釈迦牟尼は一度も傷ついたことがないと思いますか。悟ったからといって、人間らしくなくなるわけではありません。反対に、もっと完璧に人間らしくなるのです。

人間としての全体性に達すると、すべての感情は自分自身であるが、自分のすべてではない、ということがわかります。ちょうど親が子供たちに対するときのように、自分という別の存在を意識しつつ、あなたは子供を抱きしめ、支え、愛してやります。そして、この愛のただなかで、あなたは子供と一つになります。自分を愛し、自分のなかのあらゆる部分を愛することによって、自分自身と一つになれます。それ以外に神への道はありません。あなた自身がすでに神なのですから。あなたの全体性は、あなたが取り戻してくれるのを待っています。あなたは、あなたの持つすべての部分なのです。それ以下になろうとするのはやめてください。

第2部

自己

頭で物事を理解しようとすると、
何もわからなくなります。

怖れ

一九七九年九月八日、ニューメキシコ州アルバカーキにて

質問　怖れについて話してくださいますか。

〝大いなる自由〟へと人間が向かうときに出会う暗い困難な部分を、あなた方は「怖れ」と呼んでいますが、私はむしろ「理解の欠如」と呼びたいと思います。**この宇宙には怖れるべきものは何もありません。**エゴの暗い鏡が映しだす幻影が、あなた方の人生観を歪めてしまい、人生には怖れるべきものがあると思いこませています。人生で何かこわいことが起きるのを見ると、自分の様々な知識や感情のなかを探しまわって、そのなかから解決策を見つけようとします。

そのときによく注意してみると、一連の心の動きが起こっているのがわかります。まず最初に、怖れを感じます。次に、この怖れの感情から逃れたいと思います。三番目に、自分の思考力を使っ

て、この不快感を解決する方法があるかどうか探します。四番目に、応急処置が見つかれば、それで処置をします。

この四番目の時点に最も細心の注意を払ってほしいのです。特定の怖れを完全に克服していない場合、その怖れが別の怖れに取って代わられていないかどうか、考えてみてください。地球界の人たちの多くは、ある怖れから別の怖れへと、怖れを渡り歩きながら人生を生きています。人生の困難を一つ乗り超えるたびに人は元気になり、人生は安全なものだと感じて自信を取り戻していきます。その後、人生は平常に戻り、おもしろくなり、ときには喜びに満ちたものになることさえあります。ところが、あるときおそろしい出来事が姿を変えて目の前に現れるのです。

怖れを根こそぎにしてしまえないのは、非常に大きな間違いをおかしているからです。あなた方は、怖れには根っこがいくつかあり、根を全部引きぬいてしまわないと、怖れのない状態に達することができない、と思っています。しかし、ちょっと現実的に考えてみると、このようなやり方はまるで成功の見こみがないことがわかります。なぜなら、誰でもいつかは究極的な怖れ、死の怖れに直面しなければならないことを、認めざるをえないからです。今この瞬間から死の瞬間までに起こる問題は、自分の好きなように処理すればいいのですが、死の瞬間は必ずおとずれます。来たるべき死と深く向き合った人々は、死の怖れは克服できることに気づきます。まだ死に直面していない人も、必ずそのときが来ます。ですから、小さな怖れに対する応急処置をそのたびに少しずつする代わりに、怖れを全体的に徹底的に理解し、その生《なま》のままの姿を見すえ、ここで怖れを完全に取り除いてしまってはどうでしょうか。

全く怖れを感じないで生きることができる――このことを、いったいどれだけの人が信じるでしょうか。〝万能の力の源〟である神は、人間の人生が、死ぬまで怖れと不安と病気で満たされるようには創りませんでした。そんな人生は神の計画ではありません。それは「人間が創ったもの」です。人間は、非常に上手にみじめな人生を創ってきました。しかし、そんな人生にはうんざりして、怖れをもって人生に向かうのではなく、大胆さ、やる気、勇気、思いやり、理解をもって人生を生きたいと思っている人もいますから、その人たちのために話したいと思います。自分が「何を怖れているか」ということが、どうしたらわかるのでしょうか。そして、どうすればそれを取り除くことができるか、という究極的な問題があります。

ここで言っておきますが、自分の人生とまじめに取り組まない人は、自分のなかの究極的な怖れと対決することはできません。「まじめに」というのは、暗くて重々しいという意味ではなく、真剣な態度で、という意味です。人生とまじめに取り組むときに見えてくることの一つは、自分の心の表層を騒がせるものがたくさんあるということです。それらは意識の深い淵に入っていき、そのまた下の暗闇に渦を巻いて下りていきます。この暗闇は自分で見たくないと思っている暗闇です。心理学者を批判するつもりはありませんが、暗い無意識の淵に怖れるものは何もありません。「全くない」のです。

現代の人々がいだいている怖れの一つは、無意識の世界には長い触手を持つおそろしい化けものが住んでいるというものです。これらの化けものは、人間の心が創りだした想像の産物です。この意識の深い淵に本当に存在するのは、あなた自身の神性です。それだけです。ザワザワ動いている表面の下、意識の深いところには〝大いなる源〟が存在します。あなたはこの〝大いなる源〟から生まれたのであり、何も怖れることはありません。人間は自分で怖れを創りだし、自分で創ったものを怖れています。なぜでしょう？

自分の人生に現れる魔物は、自分が創ったものであるという事実に直面してください。そうすれば、それに立ち向かう勇気が出てきます。自分で生みだしたものには、立ち向かうことができます。自分以外の神かほかの何かが創ったと思っている限り、見るのもこわくなります。悪魔は自分の知らないところからやって来る見知らぬ存在だと思っていると、とても自分の手におえる存在ではなくなり、勇気も出てきません。神はあなたの言う悪魔など創りませんでした。心配しないで、意識の底を見てください。どんな理由であれ、どんな種類の怖れであれ、怖れをもって生きるのはもうイヤだと心に決めさえすれば、それまで見ることを怖れていたものに、直面する勇気を与えられます。これはそんなにむずかしいことではありません。

〝大いなる自由〟を真剣に求める人は、自分の心の内部を見つめ、自分の怖れがどこにあるか発見してください。見つけられないなどということはありません。むしろ、注意してよく見ると、怖れが色々な形をとって表面化し始めるのに気づくでしょう。それは日常生活のなかで色々な形になって現れます。本や夢のなかに現れるかもしれませんし、他人の言葉や自分の夢想のなかに現れるかもしれません。どんな形にせよ、あなたの前にはっきりと姿を現しますから、あちこち探しまわる必要はありません。

この宇宙は慈愛に満ちた世界だということを忘れないでください。**宇宙はあなたの味方です。**自分の不調和に満ちた世界にとどまらず、宇宙の調和とともに生きることを決心した人には、〝大宇宙〟のあらゆるエネルギーがその人を助けるために集まってきます。宇宙は、あなたが孤独な殻に閉じこもって、みじめな人生を送ることを望んではいません。宇宙は、あなたが創造の過程のパートナーとなることを望んでいます。

みじめな人生は、人が自分で創りだしたものです。自分のみじめな人生のなかで孤独に生き、同じものの見方や発想をしつづけ、あいも変わらず暗闇や怖れ、誤った思いこみを自分に引き寄せ、それらをくり返しくり返し自分の心のイメージとして見ています。人間の言う悪魔とはこれです。自分のエゴが創りだしたこうしたダイナミックな現象を過大評価しないでください。エゴの力のおよぶ範囲はそれほど遠くまでは伸びていません。エゴは、神のダイナミックな永遠のエネルギーに支えられていないので、寿命もパワーも限られています。まじめに自分を内省することで、〝神性なるパワー〟があなたの人生のなかに入ってきて、怖れを取り除いてくれます。

もう少し具体的な話をしましょう。人から見捨てられるのではないか、一人ぼっちになるのではないか、という非常に大きな怖れをいだいている人がいると仮定しましょう。この場合いくつかの対処の方法があります。

まずセラピスト（心理療法士）にかかることがあげられますが、この場合、必ずしも一流大学の最高学位を持った人である必要はありません。それよりも人間が霊的存在であることを、一番理解していると思われる人を選んでください。セラピーのなかで、その瞬間に作用している心の秘密を解き放つ力となるのは、セラピストの直感力の強さです。秘密のカギはしばしば過去世にあることがあり、非常に直感力のあるセラピストはクライアントにそれを理解させることができます。しかし、あなたにはそんなお金がなかったり、そのような目覚めたセラピストを見つけることができないとします。そこで残るのは自分自身です。私はこれが結局は一番いい方法だと思います。

この場合、あなたには、自分自身と自分の悩みと、悩みを解決しようという強い決意がありま す。つまり、答えを得るのに必要な三要素がそろったことになります。それ以外は必要ではありません。そして、決して忘れてならないのは、**「悩みのなかに答えがある」**ということです。

人間は物事を直線的に考えます。今、ここに悩みがある、答えは未来にある、というぐあいです。そうではありません。今、ここに悩みがあり、**今、ここに答えがある**のです。悩みにのめりこんでいるときの自分の気分を楽しんで、苦しみを長引かせたいと思うならべつです。どうかわかってください。ほとんどの人は自分の悩みが大好きなのです。悩みを持つことで、生きていると感じ、ダイナミックでクリエイティブで、エネルギーにあふれているように感じることができるために、悩みは大きな精神的満足感を与えます。これも人生の楽しみ方の一つですけれど……。

しかし、私は別の方法を提案したいと思います。自分の悩みをほんのちょっとのあいだわきにおいて、その時間を〝神なるエネルギー〟につながり、それと一つになることに費やせば、悩みとは比較にならないほどのクリエイティブなパワーに満ちあふれ、二度とそれを忘れることはありません。人は、人生の悩みや何千と現れる心理的ジレンマを解決したいという願いに身動きがとれなくなって、本当の問題が見えなくなり、もちろん本当の答えを聞くこともできません。

本当の問題は、**「どうしたら自由になれるのか」**ということです。エゴが精神を幻影で満たし、様々な手かせ足かせをはめている状態から、どうしたら自由になれるのか。たった今、そして、常に自由であるためにはどうしたらいいのか、ということです。怖れは人間が創りだしたものです。怖れはほかの次元にはありません。人間の創造物であり、人間が創りだした意識ですから、それを克服するにはこの地球界でそれに直面しなければなりません。人間が創ったのですから、それを取り除くのも、人間の意識のなかでなされなければなりません。では、どうして取り除けばいいのでしょうか。

怖れを感じるとき、人はそれを肉体を通して感じます。つまり、怖れは肉体的なものなのです。

しばしば胸やのどや頭がしめつけられる感じがします。そうした状態になったときには、今までの効果のないやり方をくり返す代わりに、次のことを試みてください。

まず、怖れのエネルギーが体のなかで活動するのにまかせてください。それを取り除こうとしたり、何かに変えようとしたり、押さえこもうとしたり、それから逃げようとしたりしないでください。完全に受け身になって、それが動くのにまかせてください。「**なるにまかせる**」というのが第一のステップです。気をつけていれば、怖れは、波のように起伏があることがわかります。怖れは、神によって動かされてはいないので、コンスタントなパワーを持っていないのです。そしてありがたいことに、それだからこそ、怖れを終わらせる可能性があることがわかるわけです。ですから、まず怖れのなすがままにしていてください。

次に、怖れの波の谷を感じたら、怖れが存在しているという意識に注意深く心を向けてください。「こわい」とは言わないでください。「怖れが存在している」と言うのです。この二つの表現には非常に大きな違いがあります。そしてそのとき、自分のハートのセンター（心臓付近にある愛のエネルギーの発生源）に意識を深く集中してください。自分にあらん限りの意思の力をこめ、意識を集中し、じっとしています。ただ、じっとしているのです。

怖れという感情をしっかり見つめようとかたく決心していると、おもしろいことが起こり始めます。長い時間、ハートのセンターに意識を集中して過ごせば過ごすほど、困難に出会ったとき の自分のパワーが増してきます。ですから、怖れを感じていない日々を最大限に生かし、意識の集中が必要になるときにそなえてください。なぜなら、心の平安は急に呼びだすことはできないからです。それには練習が必要なのです。〝宇宙の大いなる愛〟も、いつもそれを願っていないと、呼びだすことはできません。あなたの命令一下、飛んできてくれるわけではありません。日々、そのための力をつける努力をしていないとダメなのです。

静かにして意識をすませていると、自分のなかで動くものを感じます。そして、ハートのセンターですべての怖れが消えていくのがわかります。自分のなかにある怖れを、正面から見すえるようになると、何かダイナミックなものが、自分を昼も夜も満たしてくれるようになって、みずからの幻影が生んだ現象界から、あなたを解き放してくれるのがわかります。それを人間は〝大いなる愛〟と呼びます。それはハートのセンターにあるパワーで、自分がすべてのもの、すべての人とつながっているのだということを理解させてくれます。外の世界には何もなく、すべては自分のなかにあります。そして、怖れるものは何もないのです。

これが信じられない人は、一年だけ私の言う通りにしてみてください。昼も夜もできるだけたくさん、この方法を実行してみてください。そうすれば、私は次のことを約束できます。あなたが求めている無条件の愛は、「あなたという存在の中心で」静かにあなたを待っています。その愛といったん結びついたら、もう決して二度と怖れを感じることはありません。「愛は何ものも怖れない」と言われますが、それはまさに真実なのです。

愛が何ものも怖れないのは、愛以外のものはすべて幻影にしかすぎないことを、愛は知っているからです。私の言葉を疑うのであれば——あなたが疑うのは当然だと思いますが——私の挑戦を受けてください。一日のうちのできるだけ多くの時間を、自分の存在の中心に意識を静かに集中し、怖れにその状態を破られないようにしてください。**そうすると、私が話していることを体験できます。**

質問　肉体的痛みに対する怖れは、どうしたらいいでしょうか。

つまり、あなたは自分が肉体だと思っているのですね。ところが、人間は肉体以上の存在なのです。そして、どんな種類の怖れも持たずに生きることができます。ただ、そのような意識のレベルに達するには、究極まで突き進み、自分は単なる肉体以上のものであることをはっきりと理解しなくてはなりません。

自分が怖れているものをよく見てみると、それらはたいてい「自分は肉体だ」という考えにもとづいたものであることがわかります。自分が肉体でしかないのであれば、当然、怖れるべきものはたくさんあるでしょう。けれども、自分が肉体以上の存在だということがわかると、ほかの可能性が開けてきます。「この肉体が自分だ」という考えに囚われていると、確かにその人は苦しむでしょう、死ぬでしょう、取り残されるでしょう、捨てられるでしょう、飢え死にするでしょう、暑すぎたり、寒すぎたりするでしょう、自分が欲しいものを得られないでしょう、自分が欲しくないものを押しつけられるでしょう……リストは延々とつづきます。このような怖れを根だやしにするには、「汝は肉体ではない」ということを真に理解することです。では、病気でガタガタになっている体や、耐えられないような苦しみはどうなのか、という疑問が出てきます。

痛みがあるとき、当然体は肉体的反応を示します。覚醒レベルにある人たちは、痛みの存在を非常な落ちつきをもって観察します。そういう人は痛みそのものに巻きこまれずに、ただ痛みの存在を認めます。

ここで問題になっている幻影は、「人間はその肉体でしかない」という考え方です。ですから、ここでも同じことをくり返さなければなりません。毎日瞑想をするようにすると、自分は肉体だという幻影から自由になることができます。深い瞑想状態に入ると、自分が肉体から引っぱりだされるのを感じます。意識が肉体の外まで拡大したり、幽体状態のように体から完全に抜けだして、自分が肉体ではないということが理解できます。

あるいは、もっと一般的なのは、自分の内なる目（心眼）で、体が全く違う何かに完全に溶けてしまうのを見ることです。「私は肉体ではない、私は肉体ではない」と唱えるだけではあまり役に立ちません。もちろん真実には違いないのですが、深い意味を持った真実を口先で唱えるだけでは、自分の意識を変えることはできません。自由になりたいのであれば、自分のなかの、自由を促進する能力が最も強い部分に働きかけることです。それは自分の内面です。私が「神聖なる厳粛さ」と呼んでいるものをもって、瞑想状態に入り、この事実を自分に示してくれるように願うと、それがあなたに示されます。

何度も言いますが、**この宇宙は優しさに満ちています**。子供が親のところに来て、「今からお勉強したい」と言うのに、「まだダメ。あと十年したら」と言う親がいるでしょうか。親は、「じゃ、ここにすわって。さあ、始めましょう」と言うでしょう。人間の親がそうできるのだったら、〝神なるパワー〟もそうできないことはないはずです。

〝神なるもの〟の統合への強い願いを決して過小評価しないでください。あなたが〝神なるもの〟と一つになりたいと強く願うことで、あなたは〝神なるもの〟と調和し、神の力のすべてが、あなたを助けるためにやって来るのだということを理解してください。けれども、〝神なるもの〟からの分離、孤立、相違を選ぶなら、自分の力だけで生きていかなければなりません。ただ、いくらあなたがそうしたいと思っても、〝神なるもの〟はあなたに協力して、分離したりはしません。統合するために協力するだけです。怖れを捨てようと決心すると、〝神なるもの〟はあなたのために活動を始めます。

人が苦痛に対する怖れを語っているときには、過去の経験にもとづいて未来の出来事を想像して話しているわけで、過去と未来という、本当は存在しない二点のあいだで身動きがとれなくなっています。ところが、その人は唯一実在する時点、現在を見すごしています。

〝神なるパワー〟とつながることができる場所が一つだけありますが、それは今、この瞬間です。あなたが考えていることが、外界に現実として現れます。あなたが考えていることを、あなたは体現化せざるをえないのです。自分の不運を嘆き、そうした失意の人生を実のところ得意に感じている人は、自分をみじめにしているのは、自分自身であることを知るべきです。

自分の人生が、なぜ今のような状態なのか知りたければ、ゆっくり時間をかけて自分の想念を観察してみてください。そうするとわかります。自分というものがはっきり見えてきます。なぜ自分の人生がこんなにメチャクチャなのか、なぜ悩みで頭が混乱しているのか、なぜ色々解決策を考えつくのに決断できないのか。こういう悩みを持っている人は、自分が何を考えているかに注意を払ってください。そうすると、自分の思考のエネルギーが色々な分野に分散されていて、その結果、混乱した現実を多く創りだしていることがわかります。エネルギーは想念に従うというのは、〝神なる法則〟です。

自分が最大の関心を払うものが、最大のパワーを持つという真理があります。しかし、怖れは一見それとはわからない形で現れます。たとえば、ガンという悪魔を怖れている人がいたとします。その人は、自分はいつかガンにかかり、それで苦しんで死ぬのではないかという怖れに、すっかり囚われています。しかし一方では、その人は、慈悲深い〝唯一なる神〟の輝かしい豊かさをこの世に現したいとも思っています。どちらの考えが現実となるかは、その人がどちらにより多くの思いをかけたかによるので、その人が望めば、どんな悲惨な人生を創りだすこともできますし、非常に自由な人生を創りだすこともできます。

私の役目は、〝大いなる自由〟を得ることは可能なのだということを、あなた方に教えることです。真剣にそれを追求し、そうした自分の願望をしっかりと心にきざみつけておいてください。私にはあなた方を自由にすることはできません。しかし、自由を得ることは可能であり、人間にはそうする力がある、ということを教えてあげることはできます。もちろん、その人が望めば、ということです。ただし、自由を望まないのでしたら、神の足にすがって泣き言を言ったりしないでください。あくまで**あなた自身が選ぶ**ことです。

こうしたことの真理を理解し、自分自身の解放は、自分の責任だと自覚できるようになると、自由になれます。「何でもしてくれる父親のような神様」が、面倒を見てくれるのを待っていると、死ぬまで待つことになります。それは神の仕事ではないのです。人生の制約を生みだしたのは自分なのですから、それを壊すのも自分でなければなりません。簡単にできることです。むしろ問題なのは、人が自分の人生の制約を喜び、手放したくないと思っている、ということです。制約は人生に意味を与えてくれるからです。

人生に何も悩みがなかったら、あなたはどんな状態にあるでしょうか。**何も悩みがなかったら、あなたはどんな生き方をしているでしょうか**。このことをよく考えてみてください。自分の想念の構造を注意深く観察してみると、悩みを解決することに人生の意義を見いだしていることがわかるはずです。そこで、いったん悩みを解決すると、それを喜ぶ代わりに、「今度は別の悩みがある」とあなたは言い、悩みを見つけます。それが本物の悩みでなければ、本物を創りだします。それが緊急の悩みでなければ、出かけていって人の悩みを借りてきます。そして自分たちの人生は悩みだらけだと、お互いにこぼし合うのです。人間同士のコミュニケーションや人間関係は、お互いの悩みを解決し合うことにもとづいて成りたっています。そのような人生観を持ちつづけるのもけっこうですが、それでは自由になることはできない、ということをどうか理解してください。

ここであなた方に宿題をあげましょう。これから一ヶ月のあいだ、自分には何も悩みがないのだと思って暮らしてみてください。それに対して自分のエゴがどんな抵抗をするか、観察してください。そうして、自分の悩みや人の悩みを解決したいという欲求の強さを観察してください。その結果、悩みの解決にやっきになっている限り、それを乗り超えることはできないのだ、ということを理解してください。求道者は多いのに、悟りを開いた者が少ないのは、こういう理由からです。

「問題解決が人生で最も重要なことだ」という考えをわきにやってしまうことができれば、その人はすばらしい波動のエネルギーに満たされ、自分自身の不調和が癒されるばかりか、まわりの人の不調和さえも癒すことができるようになります。神の真理の道を歩きたいと真剣に思っている人は、まず「実在しない」自分の問題について悩むことをやめてください。そして人生のおもむくままに従い、自分を自由にしてくれる内面の奥深くに意識を集中してください。私の言うことは気に入らないかもしれません。しかし、あなたが自分の悩みはこんなにも大きいと、どんなにかたく信じていても、本当は問題など全く存在しないのです。この世は〝大いなる愛と光〟に満ちたところで、問題など存在しないと信じることができた瞬間から、それが実現し始めます。そして、本当にその通りになったときに、他人に向かって「あなたの悩みは重要ではない」とあなたが言ったとすると、その人はイヤな顔をするにちがいありません。では、どうすれば他人を助けられるでしょうか。

ただ、**ありのままの自分でいることです**。あなたの「あり方」そのものが問題の解決になります。人はお互いの鏡です。あなたは自分のなかの何を反映することを選びますか。お互いの悩みを相手に反映し合うことで、自分たちは非力な存在だという考え方を確認し、強化し合っているのです。お互いの顔のなかに自分の顔を見ています。こうして、あなたは自分自身を見ていることになります。ですから、自分の内部の調和に意識を集中すると、別の顔を投影し始め、全く違う顔になってしまいます。この別の顔を投影し始めることができると、あなたに会う人はすべて希望に満たされます。自分もまた、究極の自由を得られるかもしれないという希望です。人に尽くしたいのなら、自分自身の鏡をきれいにみがくことです。そうすれば、ほかの人も自分自身の〝神聖なるもの〟だけを見るようになります。

人を助けたいのなら、おしゃべりをやめ、あれこれ考えるのをやめ、愛し始めることです。怖れるものは何もないということを理解できるのは、無条件の愛の力によります。**力と愛は一つです**。あなたはこのことをわかっています。**汝は愛なり**。これはあなたが経験することであり、真理です。あなたは今、愛であり、今までも愛であったし、これからもずっと愛です。愛以外のものを反映する鏡は、真理を反映していません。どうか信じてください。自分が愛されていることがわからないというのは、大変な苦悩です。自分以外のものに愛を求めている限り、決して見つかりません。たった一つの完全なる愛は、自分の心の内から出てくる愛です。それは、変わることのない永遠の〝大いなる愛〟につながり、それと一つに溶け合う愛だからです。人間の愛はまだ非常に気まぐれだということを、あなた方は心の底では十分わかっているはずです。もうこのあたりで、もっと違うものを探してみませんか。

質問　心からあらゆる怖れを、すっかり取り除いてしまった人がいますか。

まれですが、います。地球界での人生が幻影であることを一度理解した人が、また地球界に転生してくることはめったにありません。ゲームが終わってしまい、神との分離がなくなってしまったら、もう地球界に戻ってくる必要がないからです。しかしながら、人類に奉仕する者として、あるいは菩提として、あるいはアバター（神の原理の具現者）として、あるいは悟りを開いた者として、地球界に戻ってくることもあります。ですから、私たちが地球を見わたすと、多くの怖れも見えますが、同時に、怖れは自分で生みだしたもので、実体のないものであることを悟り、地球界を去っていく多くの人たちが見えるのも事実です。ここに希望があります。できないことはありません。どうかやってみてください。

人が肉体を離れるときに――それをあなた方は「死」と呼びますが――そのときに、人間が神と分離しているというのは幻影だということが、明確になることがよくあります。けれども、そのときが来るまで待たないでください。真剣に努力すれば、今、その真実を理解できます。あなた方のところにわざわざやって来て、「可能だけれども、あなた方にはできない」などと言うほど、私は残酷な兄弟ではありません。あなた方に天国を少し見せておいて、「でも、あなた方は入れないんだよ」などと言うようなことはしません。それは常に、そしてたった今も可能なのです。

質問　「大いなる愛」と「今この瞬間」とは同じものですか。

はい。それはなぜかというと、こういうことです。「今この瞬間」と「大いなる愛」と神は一つだからです。神と「今この瞬間」と「大いなる愛」のあいだを分けへだてるものは、何もありません。「今この瞬間」があり、「大いなる愛」が存在し、神が今ここにいるからです！

質問　「問題は存在しない」ということを、心から理解する方法がありますか。

「問題を解決すること」に喜びを感じている人に対しては、できることはあまりありません。しかし、大きな問題をかかえて悩み苦しみ、その解決法として、自殺を決心したような人は、そうした「問題解決病」から自分を切り離すことができます。それとは逆に、人生には色々と不都合な問題があると思っている人は、これからもその不都合な状態のままでいるでしょう。

テクニックを知りたいのでしたら、最良のアドバイスは、「**自分の心のなかで、何が本当に起きているのか、よく観察すること**」です。二週間にわたって、自分の想念を正直に観察してみてください。そうしたあとでも、今まで通りのつまらない想念をしぼりだしつづけたいと思うのであれば、私にはもう何も言うことはありません。けれども、自分の想念のパターンを深い意識をもって正直に観察すると、自分が他人を傷つけたり、毒に満ちた想念を他人に送ったり、他人の幸福を破壊したり、他人の不幸を望んだりしていることがわかるはずです。自分を聖人のように見せようなどとはしない、自分自身に正直な人は、自分の想念のパターンのなかに人間一般の想念の傾向を見ることでしょう。人間の想念は、人間同士を引き離す性質があります。

他人のことを、自分を攻撃する者だと見なし、その結果、自分を守らねばならないと考え、あらゆる方法で自分を防衛しようとします。自分が攻撃されていると信じている限り、死ぬまで自分を守ろうとしつづけることになります。自分の帰るべきところだ、とあなた方が言っているこの宇宙に、あなた方はどんな想念を送りだしているのでしょうか。自分の内面を二週間にわたって観察した結果、自分がいだく想念は愛に満ちたものだけだという人には、私のアドバイスは必要ありません。その人は〝内なる師〟の導きに意識的に従っており、すでに〝大いなる自由〟へ向かっているからです。

霊性の高い人

一九八二年一月十日、ニューメキシコ州タオスにて

質問　霊性の高い人とはどういう意味か、説明してくださいませんか。

霊性が高い人の真の特徴は、人生が人間の限られた知性ではとても理解できないような不思議、神秘、命に満ち満ちていることを理解し、ただただ感謝と喜びに満たされ、すべてを受け入れる心を持つにいたった人です。

自分自身を「霊性の高い人」と決めつけることが問題なのは、そうするとすぐに、霊性の高い人は何をして、何をしないかと、リストを作り上げるからです。それから何年も費やして、自分の作り上げたイメージに自分をはめこもうとします。しかし、これも最終的にはよい結果を生み

ます。というのは、この方法を長いあいだつづけていると、ついには自分の霊性を高めるために必要だと思っていたことは実行できない、という結論に達するからです。

もちろん、愛情にあふれて思いやりに満ちるときもあるでしょうが、同時に、怒ったり、恨んだりするときもあるわけです。自己憐憫におちいるかと思うと、自分が大胆で、強くてパワフルだと感じるときもあります。こうして次々と展開する様々な状態を、すべて経験しながら学んでいくのですが、最終的には、真の霊性の高さとはどんなものかを理解することはとてもできない、という境地に達します。頭で理解することはできないのだと悟った瞬間、慈悲の心と望みなしといった二つの異なる感情で満たされます。

自分の悩みを誰も完全に理解し、克服することはできないのだと悟った人に、他人を裁くことなどどうしてできるでしょうか。自分が調和のとれた精神を二十四時間いつも保つことなどできないことがわかると、それを他人に期待するのは無理だと悟ります。そこで、他人に対する思いやりの心、慈悲の心が生まれてくるのです。同時に、「全く望みなし」という感情が生じます。ずっと以前、私が「望みなし」の状態が好きだと言ったのはこういう理由からです。

「望みなし」の状態というのは、絶望に打ちひしがれているということではありません。私の言う「望みなし」の状態にある人というのは、**人生を理解することなどできない**という基本的叡智にやっと達し、抵抗をやめた人です。理解しようとすると、自分で自分に頭痛の種を作るだけです。誰かに傷つけられると、過去世で他人を傷つけたからそのカルマ（業・因縁）でこうなったのだろうかと、クヨクヨ悩む人がいます。どうしてそんなことがわかるのですか。また、たとえそうだとしても、それがどうだというのですか。過去世で他人と問題を起こしたことを知ることが、その人の精神生活の助けになるでしょうか。それを知ることでその人の心の傷が癒されるとは、少しも思いません。

自分の現在の行動を正当化するのに過去世を利用できると、頭痛は少しはおさまるかもしれません。けれども、そうすることでその人の気持ちがよくなるでしょうか。頭で何かを理解したと思った瞬間、頭はその行動に理由づけをし、それで解決した気になります。そして、その人はもうその問題を考えようともしなくなります。

自分に正直な人であれば、他人から傷つけられることは何度も何度も起こることである、と認められるはずです。人生の基本的真実を心の奥深くで理解すると、他人からまた傷つけられるのではないか、と心配する必要がなくなります。そしてその真実とは、「あなたの人生に関わるすべての人、**世界中すべての人は心の平安を求めている**」ということです。他人を傷つけてしまったり、他人から傷つけられたりしたときにも、その行為は決して意図的なものではない、ということが理解できると、心の平安を求めることの助けになります。

本質的には、誰も他人を傷つけようなどと意図していないのだ、ということが理解できますか。人は、憎しみや悪意や悔恨から他人を傷つけるのではありません。無知と怖れから人を傷つけるのです。頭で物事を理解しようとすると、何もわからなくなります。誰かを前にして、あなたは自分とその人との関係を何とか頭でわかろうとします。こういうことを、自分の子供や自分の親に対してやっています。理解できれば、もう傷つけられないですむ、と自分にいつも言いきかせています。

いいですか、よく聞いてください。**頭で人生を理解することはできません。**人生はそんなに単純ではありません。自分で思うほど、あなたも単純ではありません。あなたは途方もなく広大無辺な存在だと、私は何回もお話したでしょう？　人がこのように広大無辺な広がりを持つ存在ならば、果たしてちっぽけな人間の頭で、自分が今自分の人生でしていることの意味や理由、他人の行動の意味や理由を理解することがいったい可能でしょうか。「頭で理解しなければならない」と言う人は、自分が広大無辺な存在であることを否定しているのです。

したがって、霊性の高い人とは、理解の域に達しようと何年も苦心惨憺《くしんさんたん》した人です。あらゆる種類のヨーガをやり、禅を学び、何でもやってみた人です。そして最後には、「私とはこういう私なのだ」ということを理解するのです。求道の結果、健康になったかもしれませんし、ならなかったかもしれません。菜食主義になって、病気になった人もいれば、それで健康になった人もいます。「広大無辺性」に法則を当てはめることはできません。広大無辺性に法則を当てはめようなどとするのは、ばかげたことです。それはまるで、海辺に立って両手を広げ、「波よ、止まれ。なぜ浜辺に波が打ち寄せるのかわかった。だから私はここに立って命令する。波よ、止まれ」と言うようなものです。不可能なことです。

弟子として深遠な教えを学ぶときに、人は、「老師やグルは、自分の知らないことを知っている」という考えを持ちます。そして、自分が十分向上し、十分瞑想し、十分苦行に耐え、完全に自分を捨てることができれば、師が悟りの秘密のカギを与えてくれるだろうと期待します。仮にこれが本当だとしてみましょう。師は知っているが、あなたは知らない、師はカギを持っているが、あなたは持っていない、とします。

では、あなたが悟るかどうかを決めるのは誰ですか。あなたですか。師ですか。師があなたを気に入らないとしたら、どうしますか。師があなたのシャツの色が気に入らないとか、あなたが土曜の夜にしていることが気に入らないとかしたら、どうしますか。師は、あなたが悟りの境地に決して達しないようにすることもできます。あるいは、この師がたまたま批判的な性格であれば、あなたにはまだその時期が来ていないと言うかもしれません。来世でもう一回やり直せと言うかもしれません。三回転生してから出直してこい、と言うかもしれません。そう言われても、自分は強くてパワフルで、覚醒の可能性を自分の手に握っていると思うことができますか。私はそうは思いません。

今度は、秘密を握っているのは師ではなく、自分だと感じているとします。カギを握っているのはあなたなのですが、しかし、困ったことに、カギがどこにあるかわかりません。どうやって探したらいいでしょうか。師がやったことを、今度は自分が自分自身に対してすることになります。もっと厳しい戒律の生活をしたら、断食をもっとしたら、瞑想をもっとしたら、本をもっと読んだら、そうしたら、自分自身に秘密のカギを与えようというのです。ここでもまた成功不可能な状況を生みだしています。つまり、自分自身に対して隠していることを、自分に教えるように自分に頼んでいるというわけです。こんなことが意味をなしますか。私にはそうは思えません。

このような態度は、問題を取り違えている結果から起こっています。問題は、あなたが何かを知らないということではありません。問題は、何か見つけなくてはならない、あるいはこの瞬間以外に何か必要なものがある、とあなたが考えていることなのです。あなたは、自分に何かが足りない、何かが欠けているといつも思っています。このような直線的思考をつづけるならば、何度も転生して秘密のカギを探しつづけるはめになるでしょう。

あなたのエゴは、土曜の夜の乱痴気パーティーを全部おぼえているので、そんなに罪深い人間は秘密のカギを手に入れるのにあと三年は待たなくてはならない、と思わせます。エゴはいつも、「心配するな。悟りはすぐそこだ。もう少しがんばれ。すばらしい人が現れ、その人の話を聴いたら、悟りの境地に達せられるから」とささやきつづけます。誰かから与えてもらわなくてはならないと思っている限り、悟りの境地に達することはできません。それでは求める人になってしまいます。前にも言ったように、あなたは求める人か、見つける人のどちらかなのです。求める人は求めつづけます。見つける人は、「悟りを理解することはできないし、理解する必要もないし、それそのものを生きるしかない」ということを悟ります。

私が話したいと思っている、たった一つの神秘とはこのことです。何度もくり返しますが、これがまさにそれなのです。一瞬一瞬を生きるという生き方がそうなのです。人生はもっとよくなってはいきません。自分自身に対する最良の贈り物は、人生はこれ以上よくはならないという事実を受け入れることです。どうかわかってください。「この瞬間」こそが、〝神なるもの〟の姿です。未来のあるときを待ちつづけていると、「明日」や「いつか」を次々に生みだしていくだけです。今日こそが毎日です。今日こそがすべての日です。**今日こそがその日なのです。**

求めるのをやめ、「これ以上頭を使うことはできない。体をこれ以上鍛えることもできない。できることはすべてやった。できる限りの努力はした」と納得し、今やただ自分の無力を感じる――そう言った瞬間、心からそう思った瞬間、エゴは抵抗を捨てます。求道ゲームを演じるようにしたのはエゴですから、勝てないとわかったときに「死ぬ」のはエゴです。この真理があなたの意識に入った瞬間、エゴのパワーはなくなり、あなたを駆り立てるのをやめ、あなたの人生を試すことをやめます。エゴは素直に抵抗を捨て、降参します。本当のところ、エゴは決して死ぬことはなく、ただ降参するだけです。

エゴが最も好きなゲームは、霊性を高めるゲームです。このゲームは、自分のまわりの人間に比べて、自分の方がすぐれた人間だと思わせてくれるので、非常にパワフルです。何しろあなたは神を求めているのですから。神を求めるのは、人間にとって最も崇高な行為だというのは、誰でも知っています。こうして神を求めている人は、自分がパワフルでますます強く賢く崇高になっていくと感じます。ついにはまわりの人たちから、けむたがられます。あんまり崇高で、その人がいるだけで、まわりの人たちは罪悪感を感じるようになってしまいます。

まわりが罪悪感を感じるのは、その人のエゴが、いつも他人をあれこれ価値判断しては裁いているからです。どんな人に対してであれ、決まった生き方の法則などないのだ、ということを忘れないでください。

悟りは起こるべきときに、自然に起こるのです。一定のやり方というものがあるとしたら、この部屋にいる人たちの多くは、すでに悟りを開いているはずです。もし一定のやり方があるとすれば、の話です。しかし、そんなものはありません。既成の方法や戒律というものは、一人の人間の悟りの経験にもとづいて作られています。この一人の人間の、悟りという広大無辺の不思議な出来事にもとづいて、それがどうやって起こったのか、どうすれば同じような境地にたどり着けるのかが、数々の教典には記されています。このような経験をした人は、真実を言葉で語るのは不可能だと知ってはいるのですが、それでも何とか言葉にしようと努力します。こうして言葉にされた瞬間から、それは書きとめられ、何千年ものあいだ人々はそれを読み、その教えに従います。何度も転生をくり返しながら、この悟りを求めつづけている人がいます。気の毒なことに、今その人がどんなことを試みていようと、神は自分の外にある存在だという考えを持ちつづける限り、これからもまた何度も転生をくり返しながら、同じ道を求めつづけることになるのです。

高潔な人間になろうと努力している人を見てごらんなさい。非常にむずかしいことに取り組んでいるばかりでなく、何よりもそういう人は人生を楽しんではいません。長いあいだ人間は、神を求めるには、人生を楽しんではいけないと思いこんできました。神は人生の楽しみ方など何も知らないと思ってきました。しかし、「この世に喜びがあることこそ、神の存在の証《あかし》である」とも昔から言われてきています。この言葉は、一般に考えられているよりずっと重要な意味を持っています。次のことをどうかおぼえていてください。自分は歩むべき道にそって進んでいて、何事も問題なくすべてはスムーズにいっている、と心の奥のほうで声がすると、人はそれによって自分は正しい、自分はすぐれていると感じ始めることがあります。そういうときこそ、何かおかしい、何か間違っていると気づくべきなのです。自分の人生が道理にかなっているのは、頭を使って生きているからです。人生には道理などありません。まだそれがわかりませんか。

命とは、スイッチを入れたら動き始め、以後、人間が作り上げたルールに従って何百年も何千年も休むことなく作動しつづける、そんな都合のいい機械のようなものではありません。そういうふうにはなっていないのです。

神とは、天真爛漫《てんしんらんまん》で、創造性に富んだダイナミックなエネルギーの動きであるということは、何度もくり返し言ってきました。もし、神、すなわち、命が人間のルールに従って休みなく動きつづける機械だとしたら、いったいどこに天真爛漫な性質があるといえるのでしょうか。〝大いなる命〟の基本要素は喜びであり、その喜びが何であれ、その瞬間に起こっていることの自然な動きのなかから生まれるのです。〝大いなる自由〟は、そうした動きのなかから生まれます。〝大いなる自由〟を得ると、自分を裁くのをやめられます。自分がなろうとしているものになろうとする努力をやめ、その代わり、今の自分が自分なのだ、今この瞬間がその瞬間なのだと感じるようになれば、あらゆる葛藤は終わります。ところが、自分の葛藤がなくなるのを怖れている人がいます。葛藤がなくなれば、どうやって悟りに達するのだろうかと疑問に思うからです。これがパラドックスだということがわかりますか。悟りを求めて葛藤しなければならないのに、悟りに達することができるのは、葛藤をやめたときだというわけです。

ここでの問題は、問題の提起のし方が間違っているということです。ラマナ・マハルシは、「あなたはすでに悟りを開いている」と言っています。それを聞いて、「わかった。わかった」と言いながら、あなたはちっともそれを信じていません。そのことはちょっとわきにおき、いつかそれについて考えようと自分に言いきかせます。でも、やはり信じていないのです。マハルシはつづけます。「**悟りへの唯一の障害は、自分は悟りを開いていないという考えである**」。それを聞いて、あなたはまた、「ああ、わかってますよ」と思いながら、やはり信じません。

マハルシはたわごとをしゃべっている愚か者であるか、または、真理を述べているかのどちらかです。あなたが判断してください。マハルシが真理を述べていると判断したなら、悟りへの最大唯一の障害は、自分はまだ悟りを開いていないという考えだ、というマハルシの言葉をどうか信じてください。マハルシを信じても、信じなくてもかまいません。ただし、中途半端に信じるのはやめてください。中途半端になるのは、頭とエゴと肉体のしわざです。

自分を求道者だと見なす癖を捨てられない人はどのくらいいるでしょうか。よく注意してみると、このような自己のイメージは、自分が他人より一歩先んじていると思わせるためにエゴが使う最良の武器だ、ということがわかります。誰もが認めるように、求道者というのは崇高な地位を占めています。自分のことをよく思いたいがために、多くの人がこの役を演じます。

人生のほかの面で失敗した人が、「地球界ではさんざんな結果だったが、あちらの世界ではもう少しましなことができる」と考え、精神世界を追求しようとすることがよくあります。残念ながら、地球界とあちらの世界とは一つなのです。地球界を飛び越して、雲の上の天国で違う意識のなかに存在することはできないのです。無辺に広がる悟りの境地への一番の近道は、**この地球界を完全にありのままに受け入れ、自分を完全にありのままに受け入れ、他人を完全にありのままに受け入れ、自分自身を愛するように他人を愛することです。**自分のほうがすぐれていると思っていると、他人を愛することができません。それはわざとらしいへり下りの行為ではあっても、愛ではありません。

では、どうやって愛すればいいのでしょうか。自分の目の前にあるものや人をできる限りとにかく愛するのです。自分らしくふるまい、自分らしく話し、自分そのものを感じるのです。今、この一瞬において自分自身であることです。一生懸命努力することをやめると、自分にそんなに厳しくなくなりますし、そうすると他人にも厳しくなくなります。この世はひどいところだと感じ、人々は否定的で批判的で、悪徳に満ちていいかげんだと思っている人は、自分自身が人間として欠けていると感じているので、自分がまともだと感じられるように、自分よりも劣った世界を外に投影するのです。これを果てしなくつづけるのですが、結局そこから答えは得られません。

この世界が神以外のものから創られたと考えている人に対しては、私は何も言うことはありません。しかし、あなた方が〝神なるパワー〟と呼ぶものによってこの世界が創られ、いまだに創られつづけ、維持されていると信じるのであれば、次のステップに移る必要があります。この世に神と悪魔という二つの存在が本当にあるのでしょうか。人間が神から切り離されてしまったというのは本当でしょうか。こうした古くからの考え方がどこから生まれたか、知っていますか。それはとても単純なことから起きたのです。あるとき、人間が何人か集まって話し合いました。「自分の気のおもむくままに生きるというのも悪くはないが、予測がつかない。人生、もう少し予測可能であるべきだ。いくつか規則を作ろう。規則があれば、物事がどうなるか知ることができるだろう」

予測可能な世界だと面倒が起きないので、人間はそれを好んだわけです。予測のつかない行動をとる人たちはコロコロ気が変わり、あてにできないので、都合が悪い存在です。そういう人は、信頼できないし、頼りにできないし、無責任だ、と言われます。彼らは気が変わるので、不都合なのです。彼らが変わると、自分も変わらなければならず、自分はそうしたくないかもしれないと不安になります。そこで人は変化に抵抗し、自分たちが作り上げた「宇宙の法則」とやらをもちだし、ほかの人々をコントロールしようとするわけです。そうして、規則はさらに、責任感のある人間であれ、信頼できる人間であれ、思いやりのある人間であれ、とつづきます。

人間の生活が、いかに規則にがんじがらめになっているかわかっていますか。何を食べるべきか、何を食べてはいけないか、いつ呼吸すべきか、どのように呼吸すべきか、何を考えるべきか、何を考えるべきでないか、いちいち決めなくてはなりません。どうやって、これをこなしていくつもりなのでしょうか。何を考え、何を考えるべきでないか、どうやって考えるのですか。何という膨大な任務を自分に課したことでしょう。しかも、どれもこれもくだらないことばかりです。**「あらゆるものは神である」**という本質的真理を、みんな忘れてしまっています。**すべて神だとしたら、何を選んでもすべて神なので、だったら、何でも好きに選んだらどうですか。**

けれども、あなたはすべてが神であるということを信じていません。教会という宗教制度は、人々に「悪」というものが存在し、それに対して日夜戦いつづけなくてはならないと教えます。私には「悪」は見えません。私は悪の存在を信じません。でも「怖れ」があることはわかりますし、人々が他人に対して冷たい態度をとるのは、怖れが原因だと考えます。心のなかに〝大いなる愛〟をもって生まれなかった人は、誰もいません。ただの一人もいません。けれども、怖れは〝大いなる愛〟を覆いかくし、「愛するな。愛すると、自分の弱みをさらけだすことになるぞ。弱みがあると、誰かに傷つけられるぞ」と脅かします。

傷つくということは、単に傷つくことにすぎない、それだけのことだ、ということを受け入れ、痛みから逃れることに一生を費やすことをやめると、自分の世界が完全に変わってしまうのに気づきます。心が痛むにまかせていてごらんなさい。誰かそれで死にましたか。すべての人々は傷つけられた経験があります。何度も何度も傷つけられた経験があります。それでも、人々はちゃんと生きています。

そのひどい経験の結果、あなたはどうなりましたか。あなたは苦しみを怖れ、避けようとしていますが、その怖れは幻《まぼろし》です。悲しみなくして喜びは経験できません。その二つは同じ世界の両面なのです。ですから、人があなたの悪口を言ったり、あなたに対してひどいことを言ったりするのなら、そうさせておけばいいのです。どうでもいいことです。

傷つけられるようなことを言われたとき、あなたにはそれにどう対処するか、選択の道があります。何の反応もしないこともできますし、あるいはその瞬間のすべてを楽しみながら、大胆にそのドラマを演じきることもできます。どちらでもいいのです。そのことで憂鬱になり、気落ちし、罪悪感を感じたいのなら、それもけっこう、どうぞやってください。堂々と情熱をもって、生き生きとエネルギッシュにやってください。真剣にやってください。こういうときに、何も選択の余地がないと思うと、そこで苦しみが生まれます。**自分は選ぶことができないと思うことが、あなたを傷つきやすくするのです。**

あらゆる瞬間において、自分は選択の可能性に満ちていることがわかると、その人の世界は変わります。あなたを傷つけるのはまわりの出来事ではなく、「それに対するあなたの反応」なのです。このことは、もううんざりするほど聞かされたはずです。けれども、自分の全存在をかけて、一度でも真剣にそのことに耳を傾けると、自分を傷つけるのは出来事ではなく、「それに対する自分の反応」だということが理解できます。

覚醒、あるいは悟りとは、あなたにとって何を意味するのでしょうか。自分のまわりにあるものすべてとの一体感でしょうか。喜びや慈悲の心や命を感じることでしょうか。それらのものがまだ自分のものでないとしたら、何がそれを妨げているのかよく見てください。注意深く観察すると、過去に根ざす怖れや、将来起こるかもしれない孤独や病気、罪悪感などに対する怖れをいだき、いつもそういうことを考えてクヨクヨしつづけている、そういう自分の想念がその原因だということがわかります。あなたは過去と未来の二つの極のあいだで行ったり来たりしています。それから抜けでる道は心を静めることだ、とみんなが言います。

そこで、人は厳しい修行生活をして心を静めようとします。でも、厳しい修行をする必要はありません。あなたは心を静めることが必要なだけです。あなたがしなければならないのは、「それだけ」です。心を静める最良の方法は、**「今この瞬間にいる」**ことです。今この瞬間にいれば、あなたの心がザワザワすることはありません。瞬間を生き生きと感じ、この瞬間が含むすべてのものを意識し、何ものも怖れず全意識がこの瞬間にあったら、そのとき、あなたは未来のことを考えてもいませんし、過去のことを思いめぐらしてもいません。あなたはこの瞬間、本当に生きとしたエネルギッシュな意識そのものとなり、それはもう、幸せな気分になるでしょう。そして、その結果、困ったことになるかもしれません。

みじめな気分でいることに対して、あなた方の文化がどんな倫理観を持っているか、気づいているでしょうか。子供が自分のことをすばらしく感じ始めると、母親はうぬぼれてはいけないと叱ります。自分は何かが上手だと言うと、子供は怒られます。小さいときにすでに、自分は上手に何かできると言うのはいけないのだと学びます。顔がきれいな子供は、自分はきれいだと言うかもしれません。そうすると、人は、その子はうぬぼれていると思うのです。その女の子は自分の美しさを観察することはできても、その強みを自分に言ってもいけないし、他人に言うのはもっといけないということをおぼえます。

では、どうやって人は自分の強さを感じることを、学ぶことができるのでしょうか。あなたはそれを感じることをゆるされていませんし、まわりがあなたにそれを与えることもありません。まわりの人間は、あなたに、自分たちよりすぐれていると感じてほしくないのです。自分とは何かという感覚を、まわりもあなたに与えてくれず、自分自身でも与えることができないとしたら、どこからそれを得られるのでしょうか。自分自身を受け入れ、自分の人生、自分の世界、そしてそのなかのすべての人、すべてのものを受け入れると、突然、今まで自分を受け入れてもらおうとして使ってきたエネルギーが解き放たれます。

地球界のみなさん、あなた方は人生という壁にずいぶん長いあいだ自分を打ちつけ、苦しんできました。完全であろうとする努力をやめると、そのときようやく物事がうまくいくようになります。今まで求めつづけてきた心の平安が得られ、物事の意味がはっきりしてきます。私たちはあなた方に、「今のままでいいんですよ」と言いつづけているのですが、ほとんどの人は私たちの言葉を信じていないようです。すべてのものを創りだすのが神だとしたら、あなたの人生を創りだし、維持しているのも神です。だから、**すべては今のままで、そのままでいいのです。**

何百万何千万という人間たちが、何度も転生をくり返しながら、信じられないほど無限に美しく躍動する〝大いなる光〟のタペストリーを織りつづけています。あなた方の限られた意識のレベルからは、このタペストリーを見ることはできませんが、あなた方もいつか将来真理を理解し、物事へのこだわりを捨て、自分たちが創りだしたものを見ることができる日が来るでしょう。そのときに、自分たちの創ったものがいかによいものだったか、ということがわかります。必ずわかります。この広大無辺のタペストリーこそ、あなたの人生の意味なのです。

あなた方の多くが、自分のまわりや人とのあいだで動くエネルギーの織り糸を見るという経験をしています。〝大いなる光〟の波動が送られてきており、それが自分たちを生かし、はぐくんでくれていることをあなた方は知っています。それは美しく生き生きとしていて、ダイナミックで奥深く、満ち足りたすばらしいものです。

人間は自分の織り糸にあまりに近すぎて、それを織るのに忙しいので、全体のすばらしさや、奔放さを見ることができません。しかし、もしそれを見ることができたら、ほんの一筋の糸も、ただの一つの出来事も、ただの一瞬も変えたいとは思わないでしょう。あるがままですべて完璧だということがわかり、その一部であることに喜びとすばらしさを感じることでしょう。あなた方はみなその無限の広がりの一部であり、それは実に美しいのです。どうか、そうした見方をするよう心がけてみてください。

質問　これまでの長い人生で、自分をもっと賢く有能にするとか、精神性を高めるなどというようなことを何も学ばなかったという事実を、私は自分のエゴのせいで認めることができません。

自分の内部の奥深くを見てみると、誰でも同じような立場にいることがわかると思います。あなた方はこれまで長いあいだ、他人の助けを借りないで、自分一人でがんばらなければならないとか、自分の道は自分で切り開けとか、他人に甘えるなとか、自分のことは自分で、とかいった古い考えのなかで生きてきました。これらの考えはすべて、くり返しの転生のなかで、何世にもわたって頭に植えつけられてきたものです。

全く過去や未来に気をとられないで、瞬間に生きるならば、自分とまわりの世界との関係が理解できます。痛みがやって来て、それをあなたは経験し、そして痛みは去っていきます。感情や考えがやって来て、あなたはそれに反応し、そしてそれは去っていきます。それらのすべてを観察することにより、あなたのまわりには、これまでとは違ったパワーが築かれ始めます。古いパターンの考えが現れなくなります。

それは、初めはほんの瞬間的であったのが次には数時間にわたって、やがては数日間にわたるようになります。そんなに一生懸命にがんばらなくてもいい、他人に感心されなくてもいい、賢くなくてもいい、ということがわかってきます。こういう古い価値観のすべてが、あなたには意味のないものになってきます。あるがままに展開する人生の各瞬間にいて、もっと幸せな気分になり、もっと喜びに満ちるようになります。

そのための唯一の方法は「とにかくやる」ことです。自分の考えを考えないようにすることはできません。ただ自分にできることは、全身のパワーでもって、この瞬間に意識をすえることで、新しい力が自分のなかにきざみつけられるようにすることです。古い考えが頭にきざみつけられてきたのと同じように。しかし、これらを築き直すのに、もっと転生をくり返す必要はありません。この瞬間に意識をすえて生き始めると、何の努力もなしに、今までとは違った見方、人生観がそこから生まれてきます。これを実行しつづけると、しだいに過去にしばられることがなくなります。新しいものが優勢になって初めて、古いものがなくなっていきます。

ただ一瞬一瞬に意識をすえ、本来の自分のパワーを感じると、今までの自己像は誤っていたことに気づきます。これまで人は、自分というものを肉体と精神を持って、時間と空間のなかを動きまわっている小さな存在だと思っていました。これまでの古い価値観のすべては、この肉体と精神に対してのみ有効なものです。けれども、それは本当のあなたの姿ではありません。肉体と精神は、本来のあなたという全体性のなかのほんの小さなかけらの部分にすぎないのです。瞬間に生きるパワーのなかから、この真のヴィジョンに対する気づきが生まれます。

真のあなたの姿のパワーに比べると、これまでの社会的規範や自分のニーズや欲求などのすべては実に色あせて見えます。ここで私が話していることが、少しでもあなたにとって意味があるものならば、単なる概念やアイディアに終わらせず、実行に移さなければなりません。そして、それを実行する唯一の方法は、「**この瞬間に生きる**」ことです。まさにそれだけです。それはすばらしい生き方です。

瞬間に生き始めると、あなたはあらゆる音や景色や経験に対して、これまでより何倍も敏感になります。全意識がその場にあると、すべては奔放で、生き生きとします。人生が退屈なのは、自分は何でも知っていると思うからです。けれども、**あなたは何も知ってはいないのです**。なぜなら、すべての瞬間は新しいからです。常に新しいものを、どうして知ることができるのでしょうか。すべての瞬間が、新しいものを経験する機会になると、人生は楽しくなります。この新鮮さこそ、人生の喜びが生まれてくるところです。人生は決して古くなったり、終わったりはしません。あなたが生まれたときと同じように、常に新鮮で可能性に満ちています。

マスターであること

一九八三年三月二十七日、ニューメキシコ州アルバカーキにて

復活祭の時期にちなんで、マスターについてお話したいと思います。マスターとは真の「神の人」をさします。イエス・キリストもマスターであり、釈迦牟尼もマスターでした。そのほか歴史上の偉大な師の多くがそうでした。

マスターという言葉は、それ自体がマスターになる必要条件を表しています。マスターになるには、まず自分自身の人生のマスターにならなくてはなりません。人は、意識の深いレベルで、自分が〝大いなる神〟の休むことなき創造過程の一部であることを自覚しており、同時に、自分がまだ見ていない心理構造の部分があることも知っています。それは、表層意識のレベルでは、怖れの部分として意識されています。人々がそういう部分を怖れるのは、見ようとしないがゆえ

に、その部分のエネルギーをまだマスターしていないからです。ですから、マスターになるというのは、技術を修得するという意味ではなく、気づくという意味です。

恋愛関係で怖れをいだいている人がいるとします。もし恋愛に失敗すると、自分は孤独になり、寂しくて落ちこんでしまうにちがいないと信じているために、その人は異性との交際を始めるのを怖れます。これは自分で意識できる怖れです。するとここで、「私は今、怖れを感じている。この部分をマスターしていないということがわかった」と自分に言うことができます。そこで、次のステップは、自分が怖れているものをマスターすることです。ところが、残念なことに、ほとんどの人はそうしません。たいていの人はむしろ現状維持を望み、意識の深海を探って溺れるより、小さな池の水面（の意識）にとどまるほうが安全だと思います。それがうまくいかなければ、また別の方法を考えます。けれども、ほかの解決法を求めるたびに、怖れの度合いは深まっていきます。つまり、「失敗」がたびかさなっていくわけで、こうして失敗のパターンが作られていきます。

では、どうすればいいのでしょうか。真の求道者は、「なぜ自分が怖れているのか」を何とか理解しようとします。自分の魂の歴史が記録されているアカシック・レコードは、誰でも見ることができるのです。それは、内省をすることによって、自分の怖れや悩みの原因となった、現世または過去世での重要な出来事を思いだすという形になって現れます。これは、誰かのところに行って初めて知ることができる、というたぐいの情報ではありません。あなたのまわりにいつもある情報なのです。それなのに、表層意識はその情報を「単なる想像にすぎない」と否定します。つまり、ここで自己に対する疑いが生まれ、人はそれを受け入れます。真のマスターは、自分の怖れを見たい、怖れから自分を解放したいという強い欲求があるので、そのような疑いに対してノーと言います。

マスターは、自分を解放するためならば、どんな方法でも使います。その一つは内観することです。そうすることによって、自分の怖れのまわりに起こるイメージや感覚をつかみ取ることができ、その怖れの様々な面に気づくようになります。怖れのもたらす感覚が全体的にはっきりと示され、自分の怖れがどんな顔をしているのか、一点の疑いもなく知ることができるようになります。それがわかれば、「何も怖れない」という心境に達することができます。

ここで、自分の怖れを克服する方法を一つお勧めしたいと思います。怖れを感じたら、まず何よりも最初に自問すべきことは、「**この怖れはどんな感じがするか**」ということです。怖れには、感覚や音質というものがあります。この感覚が、体のどこかの部分を通してその人をつかみます。その感覚には非常に強い存在感があります。そのとき、人は頭でその感覚をとらえ、それについて語り、それから逃れようとします。けれども、誰もその感覚とただ一緒にいることはしません。その感覚とともにいると、そこで初めて、怖れが自分をすべて包みこんではいない、という事実を発見できるのです。怖れは確かに存在しますし、それはわかっているのですが、同時に、怖れに巻きこまれていない自分のほかの部分もたくさんあることに気づきます。このことを自分の体験として知ると、自分の怖れを理解できるまで、怖れと一緒にいる勇気が出てきます。

自分を怖れそのものだと感じたり、恐怖に打ちのめされて、自分にはそれ以外には何もないと考える、そんな人生は耐えがたいものですから、そうした怖れから逃げださざるをえません。しかし、怖れがあっても、自分のなかには、はかりしれない大きなパワーやバランスや安定、思いやり、ユーモアもあるということが体験のなかからわかっていれば、話は違ってきます。

指はケガしたけれど、体のほかの部分は大丈夫だ、というようなものです。指が痛いからといって、崖から飛び降りるなどという極端な解決法は誰も選ばないでしょう？　体のほかの部分は健康なのですから、そこから勇気と自信を引きだすことができます。人が怖れに打ちのめされてしまうのは、怖れは自分のほんの一部にしかすぎないという事実を理解していないからです。自分は怖れの何倍もの大きさの存在であるということを体験として知り、それに気づきさえすれば、自分のまわりにある叡智が機能し始めます。恐怖のまっただなかにいるときには、物事をはっきりとは考えられません。とにかく、逃げることしか考えられないのです。

けれども、困ったことに、怖れは逃げる方法を知りません。それを知っているのはマスターです。そこで、自分の小さな部分でしかない問題を解決するために、残りの自分に力を貸してくれるように頼み、そのまま静かにして、怖れとともにいます。そうすると、どうしたらいいか、その答えに気づくのです。これを信じられないのは、やってみないからです。これは生き方の問題です。

マスターするというのは、生き方のことなのです。一週間に一時間だけマスターになることはできません。マスターになるには、常にそうでなければなりません。つまり、どんなに小さな怖れであろうと（小さなものから始めるほうがいいのです）、怖れを感じるたびに、その怖れに対処するのです。表面に出てくる怖れは氷山の一角で、その下にはまだ見えない怖れがたくさん隠れています。たとえ小さな怖れであれ、それを見つめていくと、自分にとって怖れとはいったい何なのか、ということがわかってきます。人によってそれは少しずつ違います。どんな怖れの部分も取り逃がしたり、見すごしたりしないでください。こうして、人はマスターの域に達します。疑問が起こるたびに、自分のまわりにある〝大いなる叡智〟を呼び起こしてください。そうすれば、すべてがうまくいくようになります。

多くの人は、ストレスの多い状況を、わざわざ自分から選んで創りだしています。それは、マスターになりたい人には最も賢明な方策です。非常に快適で安全な人生を送っている人は、自分を駆り立てる内面の衝動に従う勇気がなかったから、困難な状況におちいらなくてすんだ、という可能性もあります。人生に何の問題もなく、うまくいっているのは、その人が完全に悟りを開いているからではなく、人生のチェスゲームの駒がすべて思い通りの場所に配置され、何の乱れもないからだけかもしれません。しかし、いずれゲームの駒は動かさなければなりません。自分でそうしなければ、自分の奥深くにある〝大いなる自己〟がその人のために駒を動かします。いつまでも現状維持できるわけではありません。〝大いなる自己〟は、未解決の問題に対処するように、その人を仕向けるには何が必要かを知っています。自分の人生がすばらしいからといって、自己満足しないように、心しなければなりません。自己満足していると、〝奥深き自己〟は、ゲーム板の上に嵐を巻き起こし、駒をゆり動かし倒すこともあります。おめでとう！　これで、あなたにも問題が起きました。

自分が次になすべき行動を知るのに、チェスの駒が風に吹き飛ばされるのを待つ必要はありません。あなたにはわかっています。人間関係かもしれませんし、仕事に関してかもしれません。そのほか、色々な可能性があります。本人にはそれが何かわかっています。怖れから、そして、ただすわってテレビを見ているほうがずっと楽だから、人は次の行動をとろうとしないだけです。しかし、自分の人生を動かしつづけていくためには、次のステップがいるのです。人間は、ただロボットのように、幸せなだけの人生を生きるようには創られませんでした。人生の目的は、動きつづけながら、「自己」の奥へ奥へと入っていくことにあります。マスターというのは、自分の心理構造のすべての局面に入りこみ、すべてを発見し、何事からも目をそむけない人です。見た目がどんなにひどく、イヤなものでも、自分のなかから現れたもののすべてを受け入れる人です。

すべてを心から受け入れる人です。

自分の人生がうまくいっていないことをはっきり知っているにもかかわらず、自分の人間関係が退屈でつまらないもので、自分のまわりの人間が退屈でつまらない人たちであることを、認めようとしない人がいます。あなたもその一人でしょうか。こういう人たちの人生は変化のないよどんだ人生です。朝、「やれやれ、また今日も同じことのくり返しか」と、イヤイヤ起きるような人は、人生がゆきづまっていることに気づいてください。人生がゆきづまるのは、五歳でも八十五歳でも、その中間の何歳でも起きます。あなたが肉体を離れるときまで、人生の車輪は止まりません。それは最後までつづきます。感情を感じられないのはいつも、ゆきづまっているときです。

しかし、変化が必要だからといって、自分の今の家やアパートを捨てて、引っ越ししなさい、と言っているのではありません。ただ、何かを怖れて新しい動きをためらわせているのは何か、動きが鈍っているのはどの部分か、と自分に問いかけるべきだと思います。このまま進むと問題が起きる、と怖れて立ち止まったのはどの部分ですか。自分でよく見てみると、それがどこかわかります。いったんそれがわかったら、今度は、その怖れを手放すことができなくなりますから、怖れに対処する気がなければ、初めから見ないことです。いったんその怖れに気づくと、それから逃れられません。自分の表層意識と無意識の両方を騙すことはできないので、気づいていながら、そうではないふりはできません。したがって、何らかの行動をとらざるをえなくなり、人生に変化が起き始めます。

私は、マスターへの道を歩むのは、いわゆる人生の悩みを通してだということを知っているので、あなた方に悩みがあっても、何の心配もしません。人には隠された怖れの部分があり、それを見つける必要があります。それは、怖れから逃げだすことによってではなく、正面きって立ち向かうことによって可能です。自分の怖れがどこから生まれたのかを理解することで、その怖れをマスターできます。なぜ自分が怖れているのかを理解したとたん、自分を怖れや不安にしばりつけてきた縄をほどくことができるようになります。自分をしばってきた縄は、過去世にまでさかのぼることもあります。

たとえば、「貧乏になるのではないか」という不安をいつも感じているのに、あなたの人生にはそうした怖れを裏づける何の根拠もないとします。飢える可能性などないのに、貧乏を怖れているとします。その怖れが強力なもので、現時点では理由のないものである場合、その原因は現世で生じたものではないかもしれません。あなた自身の源も現世ではないのです。

息を深く吸い心を静めて、自分を見つめてください。自己をこれまでの枠を超えた広大な存在として見ることができたなら、そして、今ある自分が数多くの転生を通して得た限りない経験の産物であり、その過程が今もつづいていることがわかったなら、自分に対する理解の幅がずっと広がることでしょう。自分の怖れや不安がどこから来たのか、その本質は何なのか、自分に問いかけてください。そしてここでもまた、過去世からのイメージや感覚を意識にのぼらせてください。どんなに合理的な考え方をする人でも、自分の不安を理解する手助けとして、たとえば、インドの道端で飢え死にしかけている少年だった自分と、現在の自分の生活との違いを知る必要が生じます。自分の不安や怖れがどこから来るのかが理解できると、自分のなかで何が起こっているのか、わかるようになります。怖れの正体をはっきり知るまで、怖れから逃れることはできません。お金の心配をなくすには、二つも三つも仕事をかけ持つのではなく、その不安の原因をさぐり、自分の過去の不安と今の人生との関係を理解することです。

病気やその結果としての不安も、その本当の原因が現世にあることはめったにありません。過去に自分のなかにある病気の不安を見つめたことのある人は、現在の自分の病気に対してはっきりした理解を持っているはずです。そうでない場合の問題は、過去世で経験した多くの病気の記憶や漠然とした感覚が、洪水のように現在の自分におそいかかってくることです。**現在病気の人は、それでも大丈夫なのだ**、ということを忘れてしまっています。

すべての病気は、その人にとって適切な状況で適切なときに起こり、その人の人生のモザイク模様にピッタリはまっているのです。自分の人生は今あるがままでいいのだということを、人はなかなか理解できません。どんな苦境であっても、それには、はかりしれないすばらしい深い意味があるのです。人が囚われている怖れは、現在の状況の結果ではありません。過去世からにじみでてくる記憶がはっきりそれと意識されないために、きちんと区別できないのです。あなたは、今現在の状況を怖れているのではなく、昔の怖れに取りこまれているのです。

同じことが愛情関係にも言えます。二人がそれぞれ別の道を歩むときが来ても、一人が過去世の体験に根ざす隠れた怖れを持っていると、相手にしがみつこうとします。その人は、過去世で恋人を失ったひどい悲しみを経験したので、別れることが二人にとっていいこともあるのだ、ということが理解できません。このようなことを意識にのぼらせることが、自分を救う唯一の道です。不安や怖れを感じるたびに、それが現世の状況によるものか過去世からのものか、それともその両方からなのか、注意して見てください。問題にぶつかったときに、自分のまわりにある〝大いなるパワー〟を呼び寄せたいと思ったら、その瞬間に、完全に意識を集中してください。そうすれば、そのパワーが進むべき道を示してくれます。

イエスが、「重荷を背負う者はみな、私のところに来るがよい。私が元気づけてあげよう」と言ったとき、何を言おうとしたのでしょうか。それは、地球界に一度でも転生したことのある魂のオーラ（霊域）には、〝無限の叡智〟があり、今この瞬間において、その人の人生のあるがままの状態はそのままでよいという、〝大いなる理解〟が存在しているということを意味しているのです。この「それはそれでよい」という感覚が、怖れという重荷から人を解放してくれるのです。この感覚は、キリスト意識とか、仏性とか、「神なる理解」とか、そのほか色々な名前で呼ばれています。これは、今ある自分が、何も変わらずに**今あるがままで完璧である**ことを知っている、そういう自分の部分です。

怖れから逃げようとせず、怖れとともにとどまって、今の自分の完璧さを理解しようとすると、今までにはなかった広大なヴィジョンが、はっきりとパワフルにその目的で現れます。悟りを開く必要はありません。イエスは、「悟りを開いた者だけ、私のところに来るがよい。私が元気づけてあげよう」とは、決して言いませんでした。イエスは、社会で最も落ちぶれた者、最も無知な者のところへ行き、呼びかけました。それらの人々のなかに博士号を持つ者はいませんでした。イエスは、これらの人々が怖れに大きく支配されていることを知っていたのです。

自分の怖れだけを見つめていると、自分という広大な「存在」のほかの部分を見ることができません。悩みにぶつかっているときには、道を示してくれるよう、悩みから解放されるよう、その意味が理解できるよう、心の平安が得られるようにと祈るのです。そして、誰か天上にいる強力な存在に、自分の悩みを全部取り除いてもらいたいと願うのではなく、悩みがそこにあるのだから、それとともにいようと考えてください。

そうすると、自分の今の悩みは、自分のなかのほんの小さな部分にすぎず、そのほかの部分は、おかげさまでちゃんとやっている、ということに気づきます。悩み以外の自分の部分である叡智や深い理解を通して、自分の痛みが何であれ、自分の怖れが何であれ、自分の状況が何であれ、それらを意識的に受け入れられるようになります。そのような見方をすることで、悩みを喜んで受容することができるようになり、それを楽しむということさえ可能になります。

人々は、それが痛みや苦しみや怖れに似ているというだけで、楽しむなどということは思いもおよびません。しかし、それらを自分から遠ざけようとすることは、命の一部を自分から切り離すことです。どうか、自分自身のマスターになる決心をしてください。自分の怖れの部分を受け入れ、自分の人生に統合するまでは、その人は人生を半分しか生きていません。どんな人生の苦境のなかにも、それがどんなに辛く、どんなに危険であろうとも、常に驚くべき「命」のパワーが存在しています。怖れている人は、人生を思いきり生きることはできません。怖れている人が、どうやって自然体で生きていられるのでしょうか。どうやって心を開くことができるのでしょうか。心を開くと、暗闇がなだれこんで自分を打ちのめし、孤独になるのではないか、と人は怖れています。

あなた方の多くは、勇気をもってライフスタイルを変えたり、新しい生活を始めたりしましたが、いつも目覚めた意識でいると、なぜ自分がそうしたのかを理解できるようになります。普通は自分が今していることを、なぜしているのかわからないままに、人生を過ごしていきます。しかし、来る日も来る日も、その瞬間の自分をすみずみまで意識していると、何が起きているのか、わかるようになります。

新しい状況に直面して、怖れを感じるときは、ちょっと立ち止まって、自分が何を怖れているのか、自分に聞いてみてください。その状況の何が自分の怖れを引き起こしたのか、その怖れはその瞬間の事情以外に原因があったのか、**自分が必要としているのに得ていないものは何なのか、**と自問してみてください。人が怖れをいだくのは、何か欲しいのに、それが手に入らないからです。人は、自分の必要とするものを、何か物質的なもの——家族や恋人とか、もっとたくさんの愛とか、もっと多くのお金とか——として考えがちです。しかし、基本的に人が求めているのは、自分を不安や怖れがない状態にしてくれるものです。そこで、このような場合、何があなたの不安を消してくれるか考えてみてください。

たとえば、就職のために面接に行ったとします。面接官が非常に無愛想で、あなたは不安を感じ始めます。あなたが怖れているのは何でしょうか。自分が拒否されたり、価値がないと思われたり、劣っていると思われることを怖れているのでしょうか。自分の怖れのある部分は、過去に拒否された経験から来ているのだということを理解できたら、現在の不安が少なくなります。その特定の仕事を得ることは、そんなに大事なことでしょうか。その面接官からよく思われることが、そんなに重要でしょうか。ほかの人を雇うと誰かが言ったからといって、そんなにみじめに感じる必要があるでしょうか。自分が求めて、得られなかったものは何か（他人から承認されること？）がわかると、その出来事をあれこれ思いわずらうことがなくなり、すっきりします。自分に能力や経験がなくて応募した職であっても、採用されなかったら、やはり拒否されたと感じるはずです。

人間の心理構造には、自分の世界に住むすべての人から認められたいという欲求があります。このようなプレッシャーを少なくするため、他人の承認を求める欲求を半々に分けることを提案したいと思います。つまり、何ごとも五十パーセントは他人の承認が得られ、残りの五十パーセントは他人から認められない、ということです。こうすれば、ずっと気が楽になります。その日、五十パーセントの人から認められただけで、幸せに感じるかもしれませんよ。自分自身であろうとする人が、常に他人から認められるなどということはありえません。

キリストレベルのパワーと叡智を持った人々でさえ、ほんの少しの人たちの心しかつかめなかったのに、なぜ自分がそれ以上のことをすべきだと思うのですか。それは可能ではありませんし、必要でもありません。あなたの人生が完璧で美しくあるためには、すべてから認められなくてはならないということはありません。自分の人生をすばらしいものにするために必要な承認は、一つだけです。それは、**今あるがままの自分を受け入れる**ということです。勇気をもって自分を見つめていくことによって、それができるようになります。そのような内観の結果、自分は今のままの自分で全く問題ないのだ、ということを学びます。「命」というものが、今の自分、あるがままの今の自分を通して表現されている、そのあり方に人は心から感動し、その不思議さに驚きます。

これは、自分のまわりの人に、自分を好きかどうかと訊くことでは生まれません。自分について知るべきこと、そのすべてを知って、それを心の底から受け入れることによって生まれます。このことを実行するかどうかが、その人の人生の分岐点です。世界中から愛されても、自分で自分を愛さなければ、他人の愛に気づきもしないでしょう。その反対もまた、成り立ちます。世界中から拒否されても、自分で自分を愛していたら、他人の拒否などには気づきもしません。自分の心のなかで自分を受け入れてください。そうすれば、世界をすべて完全に受け入れることができるようになります。

質問　最近、病気をしたのですが、そのときに、大きな不安におそわれました。でも、〝無限の創造主〟を自分の意識の中心にすえることによって、不安が消えました。これは逃避主義になるのでしょうか。

そのやり方があなたに効果があるのなら、それをつづけるのはよいことだと思います。それは逃避主義ではなく、どうしたらよいか知っているということです。人が苦悩のさなかにあるとき、「天の恩寵」というようなものが、おとずれることがよくあります。けれども、ほとんどの人は、ほとんどの場合、それがやって来るのをじっと待っているわけにはいきません。**自分自身の「恩寵」をもたらすのは、自分自身でなければなりません。**

〝大いなる源〟は、はかりしれない優しさと思いやりに満ちています。人に元気を与え、人を変えてしまうようなエネルギーが体に入ってくることも、ときにはあります。しかし、毎日天の恩寵を待ち望んでいるのに、それが起こらないと、人はそこから先へ進めなくなってしまいます。マスターとは、「自分にできるだけのことをして、この怖れに対処しよう」と言う人です。怖れとともにあって、それを感じとろうとすると、怖れが自分の兄弟のようになります。自分の怖れの感覚のあらゆる側面が姿を現し、その正体を教えてくれます。逃げだしてしまうと、自分が怖れていたものについて学ぶことができず、ただ、その怖れの結果を感じるだけです。その反対に、勇気をもって、しっかりと腰を落ちつけていてごらんなさい。**ワクワクした気分になってきます。**

自分が自分自身の主人になるのだと決心すると、ワクワクした気分がおとずれます。この気分は自分の存在のなかの「無辺の広がり」を持つ部分から生まれ、パワーを与えてくれます。人は人生の悩みや苦境を乗り超えるため、自分の存在が持っているすべてのパワーを呼び起こす権利があります。けれども、このパワーはその人が呼ばない限り、動きだしません。エゴは意思を持っており、このエゴの意思の力を使ってあなたが呼ぶと、パワーが出てきます。人生がどのような様相を呈していようとも、どんな苦しみのなかにあろうとも、誰でも心の平安を得る権利があります。その権利を主張してください。あなたと怖れと、どちらがあなたという存在のマスター（主人）になるのか、それを決めるのはあなたです。

あなたの人生に起こるすべての出来事は、明確な深い意味と目的を持っています。自分の怖れを「指」の部分と見なして、自分から離して考え、その意味を知るために、「体」全体の力を呼び起こしてください。自分の怖れの意味を、他人に訊くという習慣におちいらないように。他人は方向を示すことはできても、あなたではないのですから、あなたの代わりに意味を本当に知ることはできません。あなた自身がマスターでなければなりません。マスターになるのだという決心をしたとたんに、人生が全く違った意味を持つようになります。そうすると、どんな困難も受け入れられますし、どんな逆境もそれをやわらげる天の恵みとともに現れます。自分がおこなうこと、経験することのすべてが、自己に対する理解を深めるプロセスの一部となります。このことが、自己を理解するということが、あなた方の人生の課題なのです。

質問　自分の怖れを逆転させて、代わりに繁栄を視覚化することで、それを生みだすことができますか。

すべての人が繁栄を必要としているわけではないので、私はその方法をお勧めしません。私の基本的考え方は、「内なる自己」は各人が必要としていることを、はっきり知っており、それはその人を常に幸せにすることではなく、その人の内なる自己の進化をはかることだ、というものです。貧困のなかでのほうが、魂の成長をとげやすい人もいます。そういう人は、苦境のなかでは自分を変えていきますが、快適な生活のなかでは何もしません。

自分がかかえている問題を理解し、それを自分の魂の成長のために使ってください。繁栄を望むなら、つかむ努力をしてください。ただし、あなたの内なる自己が、あなたは貧困のなかでのほうがよく学ぶと思えば、また貧乏になるでしょう。あなたの成長に必要なものが、常にあなたの前に現れます。あなたは、過去世で何度も繁栄の人生を送っています。二極性からなるこの人生では、その両方を経験する必要があります。貧困と富、病気と健康、殺すことと殺されること――あらゆる可能性を経験する必要があります。

貧しさそのものには、何も問題はありません。貧しいと感じることが問題なのです。あなたがこの世にいるのは、自分の怖れを知るためですから、貧困があなたに怖れをもたらすのであれば、それはすばらしいことです。その怖れを見る必要がなくなったときには、何も努力しなくても、富や財政的豊かさを経験するでしょう。ほとんどの人にとって、富はいいものではありません。地球界の生活においては、お金や物質主義というのは、克服するのが大変むずかしい障壁です。お金があると、色々なことをしたり、欲しいものをたくさん買ったりできるので、人生がうまくいっているような錯覚をおぼえ、自分がみじめだということを忘れてしまいがちです。貧困に対する怖れについて深い魂のレベルで学び、そのことについての修行を終了すれば、何もしなくても、繁栄がもたらされます。

質問　健康に意識を集中することで、病気に対する怖れを克服できないでしょうか。

「私は健康を信じる」と言って、健康に意識を集中するふりをすることはできますが、自分がなぜ病気を怖れるのか、その根本原因を見つけない限り、病気しか目に入りません。病気であることはそれほど悪いことではありません。貧しいこともそれほど悪いことではありません。それは

「自己の内面の現実化として現れる状態」ですから、それ自体それほど悪いことではないのです。

人は、すべての状態を順番に経験しなければならないのです。富や健康を創りだすために努力したいなら、それもいいでしょう。一生懸命にやれば、それも可能です。しかし、自分の内なる自己がなぜ病気を創りだしたのかということも、理解してほしいと思います。それは、その人のなかに深く根ざした怖れがあり、それを見て、手放す必要があるからです。その怖れを手放すと、もうそれについては完全に終了したことになります。そこで、来世では健康になる「努力をすることなく」、健康になります。怖れを手放すと、人生の一瞬一瞬、そのときに現れていることが何であれ、対処することができるようになります。

自分の怖れを根こそぎにすると、現世でそれを完了しただけでなく、来世にわたっても永遠に完了したことになります。あなたの人生で今起こっていることは、今あなたが学ぶ必要があることなのです。すべての人が病気になるわけではありません。すべての人が同じことを学ぶ必要はありません。あなたはすでに多くのレッスンを学び終わっていますが、残りのレッスンは、その根本原因が取り除かれるまで完了されません。病気に対する「怖れ」に意識を集中することが、健康をもたらすことになります。

十二のパワー因子

一九八四年一月二十二日、ニューメキシコ州アルバカーキにて

あなた方は旅をしているのだということについて、これまで何度もお話しました。山登りをするのに登山用具なしに出かけたりはしないのと同じように、この地球界での人生の旅に出発したときにも、あなた方はちゃんと旅支度をととのえてきているのに、そのことを忘れてしまっているようです。そこで今日は、あなた方がどんな装具をそなえてきたのかを思いだすお手伝いをしたいと思います。

科学の分野では、人間は運動をしているエネルギーであり、そのスピードは速くなったり遅くなったりし、その動きのなかには、明るい色から暗い色までの多くの色を含んでいるということが発見されつつあります。あなた方が地球界に転生してくるときの基本的な装具の一つに、「十二

のパワー因子」があります。この十二のエネルギー因子は人間の意識の一部でもあるので、探す努力をすれば、見つけることができます。問題なのは、人間はこれらのエネルギーを、パワーとしてではなく、むしろ「問題」と見なすことに慣れているということです。

地球界に形を持つものとして転生してきた目的の一つは、十二のパワー因子のそれぞれが二つに分離していることを理解することです。それらを再び統合し、調和とバランスをもたらすことがあなたの役目です。これらのパワー因子のいくつかが、バランスが失われた状態で人間のなかを通過すると、その人はそれを人生上の問題として体験します。これらのパワーのバランスをとるという仕事を終えると、その人は地球界では得られないパワーを持つ次の意識の次元に移行します。

肉体を持って地球に生まれ、十二のパワー因子にバランスをもたらすようになった人は、個人性を超えた愛情や優越感のない叡智、傲慢さをともなわないパワー、まわりの状況に関係なく、常に生き生きした状態などを経験するようになります。こういう感情はすべて、あなた方が「至福」と呼んでいる〝大いなる気づき〟の状態をもたらします。肉体は、それ自身の不思議なすばらしさに満たされて共鳴し、体をふるわせます。しかし、この感動は自分に向けられたものではありません。同じものが、すべての創造物のなかを流れていることを知り、そのことに感動するのです。

ですから、人生を生きるにあたり、自分のなかを流れるパワーの存在を認め、どのパワー因子がアンバランスかを見つけ、そのバランスを取り戻すことをしなければなりません。パワーの存在を認め、アンバランスを見つけ、バランスをとるという三つのステップがはっきりわかっていれば、これはむずかしくありません。完全なるバランスがもたらされたときには、多くの人がすでに知っているあの感覚――「**人生のすべてはあるべき状態にある**」という感覚が生まれます。だからといって、今後その人には何も問題が起きない、という意味ではありません。そうではなくて、どんな困難が生じても問題にはならない、という意味です。ご存じのように、世の中には大きな肉体的ハンディを持ちながらも、それを受け入れ、愛と感動、さらには喜びに満ちた生き方をしている人もいます。自分のなかのアンバランスを探すには、外的条件ではなく、自分の内なる感情を観察することが必要なのです。

　十二のパワー因子については、昔から多くのことが書かれてきました。これに関する情報は、教典のなかに隠されていたり、神話や伝説のなかに秘蔵されたりしています。そして、これらの教典や神話には進むべき道が示されています。けれども、パワーのバランスを取り戻すことは、自分の叡智だけに頼ってもできることです。

　ここで、主なパワーについてお話ししましょう。「一人でいること」というパワーから始めます。現在のあなた方の文化のなかでは、一人でいることから生まれるパワーが失われてしまっています。一人でいることが、孤独の寂しさと混同されてしまっているからです。このパワーのバランスがとれているときは、**自分に必要なものはすべて自分自身のなかにあり、他人を必要とはしないということがわかります。**だからといって、他人といるのが楽しくないとか、一緒に何かをしたりできないとか、他人を慕ったりできないということではありません。むしろ、自分はバランスがとれており、喜びをもってパワフルに一人で生きていけるのだ、ということを知るという意味です。

このパワーを無視すると、人生に大きな困難をもたらします。現代は、「いつも人と一緒」の時代になってしまっています。いつも誰かと一緒で、誰もまわりにいないときは、人の代わりにテレビと一緒にいます。

自分一人でいることから来る至福の状態を経験する必要があります。このエネルギーの持つパワーや不思議さを無視していると、自分を満足させるのに、いつも自分以外の他人を求めることになり、心の貧しいアンバランスな状態がつづきます。一人で生きる人生を創りだした人でさえ、それほど賢い人でさえ、一人で生きる人生に対しては、相反する複雑な感情をいだいています。この相反する感情そのものが、その人が学ぶのを妨げています。

「自分自身といることによってのみ、自分についてより深く知ることができる。したがって、自分は一人で生きるのだ」と思う代わりに、他人から取り残されて、寂しいと感じながら生きているのです。一人では寂しいからと、すでに意味のなくなった夫婦関係や恋愛関係をつづけていくと、それが怖れを生みだし、そこからエネルギーのアンバランスをもたらすことになります。そして、転生をくり返しながら、このパワーの問題にしばりつけられ、先に進めなくなってしまいます。

自分がどのパワー因子のバランスを欠いているかを知りたければ、心に浮かぶことで、あなたに不安をよびさますものは何かを考えてごらんなさい。自分が怖れることは何か、と考えるのです。怖れの幻影はあなたの心理の奥深くにあり、あなたのアンバランスを表しています。たとえば、お金に対する不安を持っている人がいるとします。お金がないといって心配する人もいれば、お金があるからといって（!）心配する人もいます。お金とは、今日の社会における生活の安定のシンボルにすぎません。

お金の背後にあるパワー因子は何でしょうか。お金の不安の背後にあるパワー因子とは、「人生を信頼する力」です。「人は信頼できない。誰も心から私のために何かをしてはくれない」と、あなた方は心の奥深くで信じています。

ここで、別の考え方を提案したいと思います。人類は、たえまなく進みつづける魂の群れであり、流れ動き、自分を拡張し、創造し、「目覚め」つつあります。そして、**すべての人はあらゆる瞬間、その人のベストを尽くしているのです**。しかも、人は勝手に理由もなく動いているわけではありません。あなた自身が、自分は行き当りばったりに動きまわっているわけではないのだ、ということに気づくと、他人も同じだということがわかります。誰かがあなたとの愛情関係から去っていき、ほかの人と親しくなったとしても、それは計画性のない偶然の出来事ではないのです。そのことに気づいてください。

　現在持っている愛情関係がこわれると、とても辛くなるだろうと人は心配します。そして、安定を求めて、去ろうとする人を引き戻したり、新しい相手を見つけたりして、自分が慣れたパターンを維持しようとします。私は何もここで、あなたは一生愛する人を失うことはないとか、辛く悲しいことは起きないと信じなさい、と言っているのではありません。私が言っているのは、**あなたの人生で起きることは、あなた自身の内面の必要性にきちんと従って起きている**のであり、それが何であれ、今起きていることは重要で、大きな可能性を含んでおり、あなたが必要としていることだ、と信じることです。

　人生のパターンが全く変化しなかったら、非常に退屈な人生になるでしょう。あなたがここに生きているのは、人生という乗り物のパワーを味わうためであって、同じ風景を見つづけるためではありません。変わりゆく風景を楽しむことを学んでください。自分の人生に変化を起こすまいと、過去にしがみつく人が多すぎます。新しいことや変化を怖れ、それを避けるために、昔のことを語って現在の時間をつぶしています。こうした怖れは、あなたの頭が創りだしたものです。あなたの内なる深い「自己」は、あなたが人生を最大限に生かした経験をするように、行くべきところへあなたを導いていきます。「信頼」というパワー因子は、あなたの人生をかつてなかったほど、新鮮でエキサイティングなものにする力を持っています。

どのパワー因子に対しても、自分の弱さからではなく、パワフルに対処するにはどうしたらいいでしょうか。答えは自分に対する見方を変えることによって、です。あなた方人間は、これらすべてのパワー因子の源である〝大いなる源〟から生まれ、多彩な光として外界に出ていくことによって、創造されました。神なるエネルギーの波動のスピードを落とし、肉体という形をまとうことを選んだのです。悲しみや苦しみというエネルギーの動きであれ、楽しい喜びのエネルギーの動きであれ、人生のなかに変化があるときには、あなたは命を感じています。そうしたときに、パワー因子の動きを感じているのです。**この動きに対する自覚こそが、パワー因子に対処するときに、あなたが必要とする力です。**肉体に「死」がおとずれるとき、パワー因子はそのまま生きつづけますが、人はそのことを「魂が肉体を離れた」と表現します。

これらのパワー因子のバランスを取り戻したいと思う人は、自分の体のなかのエネルギーの動きや変化に注意を払い、どのパワー因子がアンバランスになっているのか自問してください。人生のポジティブな変化やネガティブな変化に抵抗している自分を発見したなら、それはアンバランスな因子にぶつかったという印です。何がアンバランスになっているかわかったら、次に何をなすべきか自問してください。あなたは、意識している以上に、実にたくさんのことを知っているのですから、わからないと言って逃げないでください。今現在すべきことは何かを自分に訊いてください。こうした自分への問いかけは、先延ばしにするのではなく、アンバランスな因子のプレッシャーを感じているその瞬間にするのです。

かかえている問題があり、そしてその解決法があるのに、それを認めようとしない自分に気づいてください。自分の立場を守ろうとしたり、弁解しようとしたり、正当化しようとしたりしないでください。素直に自分に訊いてください。答えが返ってきます。その答えは、何かの感覚として感じたり、直感として急にわかったり、心の奥深くで以前からわかっていたと感じる、という形でやって来ます。その答えは、「もうこだわるな。すんだことだよ」とか、「そんなにたいしたことじゃない。気にしないで」というような簡単なものかもしれません。自分で自分に与えるメッセージや解決法は数多くあります。けれども、質問しないことにはどんな答えも得られません。問題とともに常にその解決法も生まれます。どちらもエネルギーであり、両者はともにやって来ます。そして、自分で答えを出したら、それを行動に移す勇気を持たなくてはなりません。

「そんなことはとてもむずかしい」と感じるようなら、それはパワー因子のバランスをマスターすることを、あなたがあきらめてしまっているからです。その力を他人にあずけてしまっているからです。他人はあなたをいくらか助けることができるでしょうが、あなたにとって何がベストかを知ることはできません。その他人のパワーのバランスやアンバランスの程度はあなたのものとは違いますし、人生経験も違うので、あなたの質問に本当の意味で答えることはできません。

あなた方は専門家や権威者に頼る時代に生きています。他人の権威に頼り、自分自身のパワーを失ってしまっているために、パワーが必要なときが来ても、自分にその力があると信じられないのです。どうか次のことを理解してください。あなた方がこの地球界での人生を送るためにやって来たときには、人生の旅路に必要な道具をきちんとそなえて来ているのです。**バランスに欠けた人生を送る必要はありません。**自分にとって何が一番よいのかを見つけ、自分の人生に平和と調和をもたらすのは、あなたの責任です。

人間にとってバランスをとるのがむずかしいパワー因子に、「叡智」のパワーがあります。このパワーのバランスをとるために、知的天才である必要はありません。叡智のバランスは、その人がこれまで集めてきた情報の量とは何の関係もないのです。蓄積された知識の量は、その人が今回の人生で、どのくらいの頭脳力を発揮することに決めたかを示すにすぎません。叡智のパワーのバランスをとるというのは、「真の叡智とは、すべての人のものの見方や考え方を冷静に観察し、受け入れる能力である」ということを理解することです。真の叡智とは、すべての人はその人自身の見方にもとづいた独自の真実を表現しているのだ、ということを心から納得することです。賢者は、これを文句なく受け入れ、自分の立場を擁護したり、他人の立場を失墜させたりする必要を感じません。自分の叡智がバランスを保っているときには、他人を脅威に感じたりしないのです。

どんなにすぐれた本であろうとも、本のなかの情報や言葉を通して叡智を感じることはできません。**叡智は、生きることを通して経験されなければなりません。**叡智は、この瞬間、あなたにとって何が最適なのかということに対する、あなた自身の感覚です。木曜日にあなたにとって賢明だったことが、日曜日には賢明なことではないかもしれません。日曜日のあなたは、木曜日のあなたとは違うあなただからです。

自分自身の真実を見つけることに、自分で責任を持ち、自分の真実を他人に押しつけないようになると、その人の心の奥深くから叡智が湧き出てきます。自分にとっての真実が、すべての人にとっても真実であり、その「真理」をほかの人すべてに示すのが自分の仕事だと思っているとすれば、それは責任ある態度とは言えません。誰が一番賢いかを判断するのは非常にむずかしいことなので、多くの人間関係が、「自分こそが人よりえらい、上だ」ということを証明するための、心理競争の上に成りたっています。叡智は求めるべきものであり、私もそうすることを勧めますが、他人がどれだけ叡智を持っているとかいないとかの判断を、しないようにしてください。自分自身の叡智を、外界の尺度をもって証明する必要はありません。自分自身の内なる感覚が、自分にとっての真理を示してくれる、と信頼してください。

次に、私たちが「責任」と呼ぶパワー因子について話したいと思います。これは多くの人々を混乱させる概念です。あなたは自分の人生はもちろんのこと、人生で起こるすべてのことに責任があると教えられてきました。さらに、他人に迷惑をかけたり、不快な思いをさせないよう、また人や物を傷つけないように生きていく責任がある、と教えられてきました。自分のしたことが人を傷つけることになるかもしれないと怖れて、この「責任」という言葉やその概念に恐怖を感じる人もいるでしょう。自分の言ったことやしたことのうちの一つが、大きな混乱を生みだすかもしれず、それらすべてが自分の責任であると感じると、大変大きな精神的重荷になります。子供がいる人は、その子供がすることに対し、その子の一生を通じて責任を感じ、子供が何か問題を起こすと、自分の責任だと感じます。自動車事故で人を傷つけたり、死なせたりすると、罪悪感を感じます。人に何かを教えた結果、それがうまくいかないと責任を感じます。全くきりがありません。

私が話したいのはこういう責任ではありません。再びここで強調したいのは、あなた方はデタラメなパターンで行動しているのではない、ということです。人間の心や体というエネルギーの動きは、美しくてエキサイティングで、互いに結合しながらも、外に拡張していくようなパターンを織りなしています。私の言う責任とは、自分の人生で起こっていることを見て、それが気に入らなかったら、それを変えるのは自分なのだ、ということを理解するという意味です。自己の成長は変化を通して得られます。責任をもって変化を起こしたときに、すばらしい成長が生まれます。自分のこれまでの人生パターンは報われないものだとは思っていても、慣れ親しんだものだし、予測がつくと安心なので、あまり満足のいく人生パターンではないのに、それを変えるのを躊躇している、という人がいます。私が強調したいのは、その人自身のなかに、自分に気に入る人生を創りだすための、責任ある選択をする能力があるということです。

責任というパワー因子には二つの面があります。その一方の端には、何の責任も感じず、人生を目的もなくフラフラと生きていく人がおり、もう一方の端には、すべてのことに責任を感じる人がいます。このどちらともバランスに欠けています。では、いつ新たな人生の選択をすべきか、どうしたらわかるのでしょうか。自分の人生を見直して、自分やほかの人にとって喜ばしくない面を見つけた、そのときです。そのバランスを取り戻すためにどんな選択をすべきかを見つけるのは、あなたの責任です。ただし、普通そういうふうには物事は起こりません。たいていの人は、今の状況を他人のせいにし、自分のこれまでのパターンを何とか正当化して、そのままつづけようとします。そうではなく、自分の人生を見直し、変える必要を認め、自分の内面に入っていって、その変化を起こすことによって、人は成長するのです。**自分で選んだことは、自分で変えられます。**自分の人生の選択を自分でするという責任を受け入れると、自分の世界を自信と力に満ちて歩んでいくパワーが得られます。

もう一つお話したいパワー因子があります。それは、「物質界におけるパワー」です。困難に遭遇した場合、落ちこんだり意気消沈したりする人や何も問題はないと言って事実を見ない人がいます。これは、エネルギーが物質界で体現化されるにあたり、そのエネルギーがパワフルであるかないか、という違いによって起きます。落ちこんでいる状態やうつ状態というのは、自分が持っているパワーを使っていないときに起こるのだ、ということがわかると、バランスを取り戻すことができます。気分が落ちこみ始めたときは、自分をこわがらせているものは何かを自問せよ、という合図です。こわいと思うのは、変化を怖れているからですが、うつ状態というのは、大きな変化がもうすぐ起こるというすばらしい合図でもあります。

人が快く受け入れる変化とは、楽しく快適な変化です。けれども、快適な変化しかないような人生を送るとしたら、人は退屈してしまいます。自分にとってイヤな変化こそが、人を急速に人生の新しい面へと動かしてくれるのであり、パワー因子のバランスをとる作業こそが、物質界での人生をおもしろいものにしてくれるのです。


人生の楽しい面しか見ようとせず、自分には否定的な経験が全くないと主張する人は、人間がこの地球界に転生してきた目的の一つを避けているのです。ネガティブとポジティブの両極のバランスをとるということが、その目的です。自分が感じとることができないもののバランスをとることはできませんし、自分の怖れや否定的な面を感じることを拒否すると、人生の可能性を最大限に生きることはできません。「自分には何も問題はない」と言い張る人は、ひょっとしたら自分は、問題となるものにうまく対処できないのではないか、と無意識に怖れているからです。

こうした人にとって、パワー因子のバランスを取り戻すという作業は、自分の感情のすべてを見るという姿勢を意味し、そうすることによって、思いもかけなかったような勇気や能力の宝庫が、自分の内面奥深くにあったのだと気づきます。このことを発見すると、この物質界を優雅に美しく生きていく力が生まれます。

自分に何かイヤなことが起こりつつあると感じることがあったら、まずそれを認め、そして自問してください。「私は何を感じているのだろうか。私は何を怖れているのだろうか。今、何が私に示されているのだろうか。私はそれに対して何ができるだろうか」

自分にとって何が問題なのか、体に知覚される感情や感覚を通して、本人が一番最初に知ることができるよう、人間はプログラム化されています。また、これらの感覚を通して、パワーがふさがれているときも、働いているときも、それを知ることができます。あなた方は、自分の覚醒をできるだけ促すような人生を計画して、転生してきましたが、実際に目覚めるには、現在自分に起こっていることに注意を払わなければなりません。あなたの人生に問題がもち上がったとき、その解決策は必ず、「十二のパワー因子」のバランスをとることにあるのです。

質問　なぜ「十二」の因子なのですか。

人間には七つのチャクラがあると言われています。私もそれに同意しますが、そのほかにあと五つあります。その五つがここで話したものです。あなた方はそれを「チャクラ」と呼びますが、私は「パワー因子」と呼んでいます。体のなかで最もわかりやすい七つのチャクラ、またはパワー因子は背骨にそってあります。そこをパワーが通ると、人ははっきりそれを自覚できます。これらの七つのチャクラは、生存と性、バランス、感情、愛、意思、霊能力、高い意識と関係しています。あなた方が高い意識と呼んでいるものは、そのさらに上にある十二のパワー因子へ移行するごく初めの段階です。

本当は、あなた方は十二のパワー源を持っているエネルギー体なのです。人間が調和の状態に入るのは、それらのパワー因子のバランスがとれているときです。パワーのバランスをとり、物質界を卒業すると、もっとほかのパワー因子が追加されます。私自身の経験からも、至福はよりすばらしい至福となることを保証できます。あと十二のパワー因子のバランスをとったら、どれほどのパワーと喜びを感じられるようになるか想像してみてください。こうして次々とさらに数多くのパワー因子のバランスをとっていくことになり、それは限りなくつづくエキサイティングな道です。

しかし、現在ある十二のパワー因子のバランスを取り戻すまでは、人は物質界を卒業できません。最初の十二のバランスもとれていないのに、さらにもう十二のパワー因子を追加されたら、どんなにメチャクチャな人生になるか想像できるでしょう。あなたはとてもそれに対処できないだけでなく、自分自身に対してもほかの存在に対しても、危険な存在になってしまいます。ですから、一つの意識レベルから次の意識レベルへと移行するには、それらのパワー因子のバランスをとっておかなければならないのです。

人生ゲームは、「ミステリー」として仕組まれたものではなく、あくまでも「マスター」するために創られたものです。何度も言いますが、自分が抵抗を感じる点について、細かく観察し、抵抗を感じたその瞬間ごとに、その問題に向かい合ってください。人間であることのすばらしさは、人間はコンピューターであるばかりでなく、コンピューターのプログラマーでもあるということです。自分の内部で何が起こっているのかを、瞬間的に理解する能力を持っています。あなたが必要なときに、知るべきことを知ることができるのだ、ということを忘れないでください。「いや、自分にはわからない」と思うのなら、それは、あなたがまだそれに耳をかす気がないということです。けれども、おもしろいことに、人は今いるところに決してとどまることができないという心理構造を持っているのです。

これまで話してきたあと五つのチャクラ、またはパワー因子は特定の場所にあるのではなく、流動しています。たとえば、責任のパワーはほかのパワーと同じく、七つの静止したチャクラを稼働させ、そのなかを通っていきます。これらのパワー因子は常に動いており、七つのチャクラのように直線的なパターンにははまりません。パワー因子は体のなかを動きまわって、いろんな部分を稼働させたり、それらと影響し合ったりします。たとえば、生存のチャクラと信頼のパワー因子とは交互にそれぞれのバランスをとり合います。このように、パワー因子とエネルギー・センター（チャクラ）とは様々な組み合わせを生みだし、エネルギー調整のための多くの機会を作ってくれます。

「この世は幻影であるというが、どういうことなのか」とよく訊かれます。この地球界で、パワー因子といわゆるエゴとの組み合わせで、人が生みだしたものの一部は永続しません。そして、永続しないものは「幻影」なのです。あなたが「ひどい親」で、子供に多くの苦しみを味わわせたとしても、その苦しみは永久ではありません。肉体を超えた次元から見ると、それはまさに幻影なのです。幻影と「真実」との違いは、**「真実」は決して存在しなくなったりしない**ということです。幻影は生まれ、形をとり、消えていきます。あなた方は、すべてただ一つのものから創られています。ですから、二つ以上のものが見える場合、そこには幻影があるのです。

一連のパワー因子のバランスをいったん取り戻したら、もうそれは完了したことなので、同じことを再び来世でやり直す必要はありません。パワー因子はこの地球界で生じたものではなく、物質界とは何の関わりもない永遠性のものです。それは、〝大いなる源〟から生まれたものであり、常にあなたとともにあります。パワー因子は、物質界と結合するときに役に立ちます。パワー因子を通して、あなたは物質界の現象を生き生きさせ、燃えたたせるのです。現象化されたものは死にますが、パワー因子は死にません。

あなたが今いだいている考えや感情は幻影であり、永続しないのだということがわかって、うれしくありませんか。昨日はすでに消え去り、同時に、あなたの織り上げた模様の一部も消え去りました。あなたのパワーによって、それは生まれ、生かされ、そして死にました。あなたのパワーはそのまま残り、現象は消えてしまったのです。

死後、魂が永遠に罰せられるという理論ほど、地球界の人間をダメにする理論もないと思います。これは、私が知っている限り、〝大いなる創造物〟に対する最も悪質なウソです。「これは全くのデタラメ」なのに、人間の心に実に巨大な怖れを植えつけてしまいました。この世で、あなたが何を創りだしたとしても、いったんパワーが取り除かれると、現象は消え去ります。あなたは、「三代あとまで責任がある」どころか、どの代にも責任はありません。自分のベストを尽くして、自分のパワーのバランスをとるようにし、ほかの人々の努力も認めてあげてください。自分もまわりの人々も無目的に行動しているのではないのだ、と信頼することです。あなたの子供は、あなたを親として選んで生まれてきたのです。あなたが、自分の特定のパワー因子のバランスをとろうとして、奮闘する過程をともに経験することが、あなたの子供にとって必要な課題だったからです。人は、必ず自分が必要とする課題を選び取っています。

あなたが生きているのは、行き当りばったりの世界ではありません。自分が創り上げた幻影が何であれ、それはいつかは死ぬのだということを知ることによって、〝大いなる自由〟を得ることができます。パワー因子がすばらしいのは、それがいわゆる「永遠に続く」からです。ここで得られたバランスは、来世に行くときにもっていけます。そのバランスのなかから新しい人生が生まれ、精神的に成長したり、他の人と分かち合うための新たな機会が生まれたりします。幻影は死に、「真実」のみが残るのです。

高度なエネルギー域

一九八五年一月十三日、ニューメキシコ州アルバカーキにて

今、緊急事態にあるのは地球界だけではありません。天になされるがごとく地にもなされる、と言われるように、上と下とはお互いを反映し合います。そういう事情のもとで、今まで語る必要がなかった話題について、その時期が来たのでお話したいと思います。ただし、それほどこわがる必要はありません。

私はこれまで何度も、あなた方が自分の人生に注意を払う必要性について話してきました。今日は、もう一つ、同じように真剣に考える必要があることについて話したいと思います。現在、これまでにない大量のエネルギーが地球界に送られてきており、人間がそれを吸収し、自己変革をおこない、覚醒するように助けている、ということは以前にもお話しました。これをあなた方

は、「ニューエイジ（新時代）」と呼んでいますが、私たちは「高度なエネルギー域」と呼んでいます。

この高度なエネルギー域があなた方にとって問題なのは、それが何を含んでいるかを知らないからです。もちろん、それがわかっていたら、「高度な」とは言えませんし、あなた方が今感じているエネルギー域と似たものになっているはずです。高度なエネルギー域は、人間が過去数千年のあいだ受け継いできたやり方とは違う方法で生きるよう、人間たちを促しています。すなわち、あなた方一人ひとりが、それぞれのやり方でこのエネルギーを受け入れられるように、新しい道を築き始めなければならないということです。

多くの人が現在、この多量のエネルギーを感じ、もてあましています。混乱したり、わけがわからなくなったりして、しかも、なぜそうなったか理解できないと感じています。自分の人生で、特に大混乱を起こさせるようなことも起きていないのに、長いあいだ当然のことであったことが、日常生活のなかで変化してきています。夫婦関係などの人間関係や仕事が、生きることそのものが、何だかむずかしくなってきています。

あなた方は、高度な意識や拡大された意識を求めてきました。これまでの限界を破り、新鮮さ、パワー、刺激を感じて生き生きしたいと望んでいます。このような願いに応えて、私たちは高度なエネルギーをあなた方に送っているのです。

現時点では、あなた方はまだ、このエネルギーを自分の肉体に取り入れる方法を持っていません。今のままの状態で取り入れると、体に様々な異常が出てきます。長いあいだ瞑想をつづけてきた人でも、もう静かに瞑想できなくなっています。瞑想しようとすると、まわりがザワザワし始め、イライラしたり、落ちつかなくなっています。アメリカ・インディアンの霊験修行スウェット・ロッジ（テントの中央に焼け石をつんで水をかけ、サウナのような状態にしておこなう儀式）をする人も、何かが欠けていると感じるときがあります。このような苛立ちを、人々は物質的な方法で解決しようとしているのを、私は知っています。スウェット・ロッジの焼け石を増やして、もっと熱くしたり、瞑想の時間を長くしたり、もっと静寂になろうと努力したりしています。定期的に祈る人はいつもより熱心に祈っています。しかし、こうしたことはどれも効果がありません。

では、どうすればいいのでしょうか。これまでより高い振動数のエネルギーを受け入れることができるように、肉体のなかに新しい取り入れ口を築かなくてはならないのですが、これは人それぞれによって違います。人間は神秘に満ちたすばらしいパワー・センターであり、鋭敏な感覚を持ったエネルギーの発火点が体のいたるところにあります。人はこれらの発火点の感覚をほとんど失っています。通常は、それは問題にはならないのですが、この新しいエネルギーがやって来るときには、それがこれらの発火点にぶつかり、肉体を激しく揺さぶります。

世界中の人々が、このエネルギーの増加に対してそれぞれのやり方で対応していますが、ほとんどの人はどうしていいかわかっていません。今後、この新しいパワーは、天候から人々の日常生活まで、実に多くのことを変えるでしょう。今日はこのことについてお話ししたいと思います。

このエネルギーの増加に対処する方法を見つけないと、あなたにとって本当に大切な人や大切なもの（夫婦関係や恋人との関係、仕事や家族など）が、一触即発の不安定な状態になっていくのを発見することになります。エネルギーがますます強くなっていくので、**エネルギーを不用意に扱うことはもうゆるされません。いいかげんであることはもうゆるされません。**だからといって、自分の人生がメチャクチャになりかけているのに、自分には問題がない、自分の人生はうまくいっていると思いなさい、と言っているわけではありません。自分自身や他人を騙せと言っているのではありません。私が言っているのは、次のことを考えてほしいということです。つまり、人間の心理構造には自分自身を検討するという能力がそなわっており、この時期にあたって、その能力を前面に出す必要があるということです。パワーが増加しつづけるこの時期にあって、自己を検討することなしには、あなたはこの世界で生き生きとダイナミックに動いていく道を見つけられず、よどんで固まった他人のエネルギーの壁にぶつかるだけです。

「**あなたのまわりで起こる問題のすべては、あなたを反映する鏡である**」ということを信じる必要があります。これまで自分で見ることを拒否していた、自分の意識の部分を見せてくれるよう、あなた自身がこうした出来事や人々を自分の人生に引き寄せたのです。これはたとえば、いやらしい男に出会ったからといって、あなたもいやらしい、という意味ではありません。それは、あなたがいやらしい人間を「批判している」ということを意味します。そして、断言しますが、自分の心のどこかで他人を批判する者は、自分自身をも批判しているのです。そして、この点こそが――他人を批判することで他人に優越感を感じる必要を持つ、そういうあなたの部分こそが、あなたがしっかり吟味すべきところなのです。

人を批判するたびに、自分がしていることを理解してください。そういうとき、あなたは他人の上に立って、その分少しでも高くなろうとしているのです。「高い」というのは、この場合、世間の基準ではなく、自分にそう思えるということです。批判するとか裁くというのは、人間が持つ性質のなかでも、人とのあいだに最も対立を起こさせるものです。なぜなら、裁く心は何としてでも、自分のほうがすぐれていると証明しようとするからです。けれども、ここであなたがしようとしていることは、本当は、自分が相手と対等だと感じたいということにすぎません。自分が本当に相手よりすぐれていると知っているなら、その人は慈悲の心を持つはずです。そういう人は、人を裁くことによっては何事も癒されない、ということを知っているからです。

裁きの心は、どんなときにも、誰をも何事をも、癒しません。裁きの心は人を殺します。自分のまわりの人々をあれこれ批判する人は、自分自身に対する批判の心を、見えないところにおし隠そうと必死になっている自分に気づく必要があります。人の心理構造のなかには、自分の内面を見つめたくない部分があって、代わりに外界に目を向けるよう仕向けるのです。人を裁く人は、慈悲の心を持ちません。この二つは共存できないのです。慈悲の心を持つ人は、人を裁くことができません。その人は、自分の前にいる人が今、それ以外のどんな行動もとることができないということを、慈悲の心で理解しているからです。さらに、あなたの意識のなかには、他人の目から見ると、間違っていると判断できる部分が必ずあるので、あなたは自分のやり方を他人に強制することもできません。

人を裁くというのは、なぜそんなに重要な問題なのでしょうか。それとエネルギーとどんな関係があるのでしょうか。人を裁く心が裁く人を殺すのは、それがその人を肉体のなかに閉じこめてしまうからです。人を裁いているときに、人はその行為を自分の意識のなかや肉体のなかに感じることができます。ハートのセンターに、重石がのっているような気がすることがあります。裁きは、別の表現をすれば、愛の欠如です。そして、この愛の欠如はその人のエネルギーを奪い、その人を自分自身のなかに閉じこめます。

エネルギーには拡張と収縮の二つの動きがあって、外側へ出ていくか、内側に破裂するかのどちらかです。人を裁くことによってエネルギーが内側で破裂しているときには、その人は自分自身のなかに、すべてのパワーを閉じこめてしまっています。もしこのパワーを解き放つことができていたら、その人の問題が何であれ、その本質を知り、理解する助けになったはずです。けれども、自分自身のなかで他人に対する批判にしがみつき、エネルギーが自分のなかを自由に流れるのを妨げているために、自分の問題の本質を理解することが不可能なのです。

このようなエネルギーの妨げは、今までとは違う体験をもたらします。お金を失い始めたり、お金が入ってこなくなったり、健康がすぐれなくなったり、友人や物を失ったりし始めます。これらのすべてが一度に起きるわけではありませんが、エネルギーの収縮が何をもたらすか気をつけていてください。まわりからだんだん人がいなくなり、入ってくるエネルギーがだんだん少なくなり、その人の命は内部に向かって破裂し始めます。日常の何でもないことさえもむずかしくなります。

朝起きて、その日一日を過ごすことさえむずかしいと感じている人は、自分の心理構造のどこかの部分で、怖れのために自分を狭くて小さな存在としてしか見ていないことに、気づいてください。怖れる必要はないのです。あなたという存在には何百という部分があり、その一つの部分が暗闇のなかにあるからといって、あなたはもう神秘に満ちたすばらしい意識存在ではない、ということではないのですから。ただし、あなたはこの暗闇のなかに入り、その色や性質、内容、感覚、形などを発見できるのだ、ということに気づかなければなりません。暗闇には形があります。物体なのです。感覚を持っている生きものです。**それは存在しています**。それは過去世が原因のこともあります。その過去世では、極度の圧政と困窮のなかで生きなければならず、そのような時代を生きぬくには、人は一定の厳しい行動様式に従わなければなりませんでした。そのような拘束された生き方をすることで、生き延びることができたのです。

　ここでそういう厳しい時代の話を少ししてみましょう。盗みを例にとります。ほとんどの人は、自分の子供や家族などを飢え死にさせないために、法律を無視して盗みをした過去世を持っています。そこで、自分の良心に向かって、「自分が愛する者の面倒をみることのほうが、国の法律よりも大切だ」と言います。あなたはこのような便利な考え方をいだいたまま、その後いくつもの転生による人生を経験します。そして、その考え方に何の不都合も感じませんでした。ところが、その考え方が今の人生にも色々な形で現れてきています。オレンジやリンゴを盗む代わりに、不動産屋は小さなウソをつき、会社員はほんの少しごまかし、主婦は夫からちょっとお金を騙し取ります。みんなほんのちょっとしたことなのですが、こういうことがあちこちに起きています。こんなことはべつに自分にとってどうということもない、と人は考えます。ささいなことで、誰も傷ついていないと思っています。けれども、「実際は傷ついている」のです。

　これらの行為は心の内部にとどまり、あなたを静かに徐々にむしばんでいます。ですから、自分の暗闇を見ないようにするためにあなたがすることは、他人の暗闇を見つけて、それを使ってどんな問題を引き起こせるか試すことです。それがあなたの役に立つときもあります。あなたの友人にとっても、自分の暗闇についてあなたから聞くほうが役に立つかもしれませんし、役に立たないかもしれません。それよりもっと役に立つのは、自分が他人をひどく批判しているときには必ず、自分で見たくないと思っている、自分自身に対する批判があるのだということに気づくことです。

あなた方は長いあいだ、意識の拡大をはかるために、もっと多くのエネルギーが与えられるよう切に願ってきました。そして今、そのエネルギーが存在しています。今こそ、注意を払うときです。特にこの時期は、人を裁く心は自分の意識を殺すものだと理解するまで、あなたはこのエネルギーのパワーや美しさを体験することはできません。

裁きの心のせいで、あなたは、自分のなかにあるダイナミックで神秘に満ちたパワー、自分の完全性というものを感じることができません。裁く心が、あなたとのあいだに立ちはだかっています。すべてを手に入れるために、どんな危険をおかしてもいいと思うのであれば、自分の暗闇がどんな形をしているか見つけてください。**あなたの友人に訊けば、それがわかります**。すばらしいことに、あなた方はお互いにとってガラスばりです。お互いの中まではっきり見えます。みんなこの世でうまく生きていきたいと思っているために、自己防御が働いて、お互いを詮索するのが上手になりました。ほかの人間がどこにいるのか、彼らの強みは何で、弱点は何か、もし攻撃するとしたら、いつ攻撃すべきか、どんな方法がいいかなどを知らなくてはなりません。

あなた方は外の世界をうまく渡っていて、その経験からお互いをよく知っています。自分の暗闇に大胆に足を踏みこんで、それを見つめようと本気で思うのなら、自分を心から愛してくれていると思う人々に、自分の暗闇が何であるか教えてくれるよう頼んでごらんなさい。あなたを愛している、と口で言うだけの人々には訊かないことです。そういう人たちは、彼らがあなたに望む暗闇について話すだけですから。あなたが心の底から信頼できると思う友人を選んでください。

そういう人は、あなたが自分のあらゆる面を見たいと心から望んでいることを理解し、助けてくれるはずです。自分を愛してくれる人々を見つけ、これは、自分がその人たちに頼むことのなかでも、最も大切なことであると告げることです。

信頼できる本当の友人がいるなら、そして勇気があるなら、訊いてごらんなさい。人の意見を素直に聞けるよう、心を開いて尋ねてごらんなさい。人の意見を聞くとき、耳が痛くなったり、居ごこちが悪くなったり、逃げだしたくなったりするかもしれませんが、じっと聞いていてください。まるで意識のなかでベルが鳴るかのように、友人の言うことが本当かどうかわかります。彼らはあなたを騙すことはできません。あなたの意識がオープンでパワフルな状態であれば、言葉がやって来たとき、体がそれに呼応します。それは体で感じる感覚であり、聞いている内容が真実であることがわかります。のどやみぞおちや肩のあたりに緊張を感じます。そして、肉体がそれを吸収しているあいだ、どうか心を開いて、深く呼吸してください。**内に向かってちぢこまらないでください**。素直に心を開き、「大丈夫。心配しなくていい」と、自分に言いきかせてください。

自分は完璧だというふりをするのは、もうやめましょう。あなたが完璧だったら、あなたはこの世にいる必要はないのです。あなたのエネルギー域が完全にバランスのとれたものであったなら、あなたの波動はとても高すぎて、この地球界にとどまるのがむずかしいはずです。ですから、愛する人があなたの暗闇について語るのをじっくり聞いてください。

　では、そういう友人や愛する人がいない場合は、どうすればいいのでしょうか。自分の暗闇をどうやって見つければいいのでしょうか。そういう人は勇者の道、孤独な道を選んでください。大きなノートを買い、自分について、以前から真実だと感じていたけれども、なかなか直面する勇気がなかったことについて、毎日少しずつ書くのです。自分の弱さをくり返し自分に認めさせるのです。この過程のなかで、自分が今弱さに負けそうだ、という危険に気づくだけの強さを得ることができます。その瞬間、自分の意識のなかにあるほかの部分、自分の存在のなかにある強くて明解な部分に、助けに来てくれるように頼むことができます。この書きとめる作業を毎日毎日くり返していくうちに、書くという知的作業が、いつのまにか深い直感的作業へと変化し、内なる真理が自然に湧き上がってくることに気づくでしょう。何度も何度も、このような内なる真理が、頭を通さずに自然に浮かんで出てくるようになります。

　これは、その人の特定の部分が見えるように直感が導いてくれている、ということにすぎません。そして、これは穏やかな方法でなされます。自分という存在を信頼していいのです。本人に受け取る準備ができるまでは、どんな情報も与えられません。ですから、この情報は、そっとあなたを促したり、優しく顔を出したりして現れます。真理が書かれたときには、これがそうだとわかります。そのときは、あなたの心の天空――あなたの存在の天空に鐘が鳴り響き、あなたはそれを聞いて真実だとわかるのです。

自分の弱い部分がはっきりすると、次は新しい生き方をするための方法を探すことです。これまでの自己像が真のあなたでないと思えるようになるには、自分をどのように定義し直したらいいでしょうか。特にこういうときには、まわりの世界が鏡となってはね返ってきます。ちょっと目にとまった本のなかに役に立つことが書かれていたり、誰かと話していて、その人があなたの深い部分を揺るがすようなことを言ったりします。夢や白昼夢を通して、直感があなたを目覚めさせるようになります。出口を探したいと思ったその瞬間から、出口への道を歩き始めています。毎日熱心に探してください。「あなた自身の真実とあなた自身の光」への道を真剣に求めてください。

悟りを開いた瞬間、あなたが最も深い感謝の念を捧げたくなる人は、勇気をもってあなたの真実の顔をあなたに示してくれた人です。敵意を持った否定的な方法ではなく、あなたへの愛情をもって、あなたが自由に宇宙を飛ぶようになるのを、何としても助けたいと思って示してくれた人です。そういう人たちは、あなたに対して感じたことを、そのまま正直に告げてくれます。これまでに何度も言いましたが、あなた方のほとんどは、自分の奥深くに埋めこんでしまった根っこがまだ一つ残っています。それは怖れに根ざした傲慢さかもしれませんし、他人を支配する必要に根ざしたセックスの問題かもしれません。ここで理解してほしいのは、あなたの闇が何であれ、それは過去世では自己保身の方法だったものに由来しているということです。過去世ではとても有効だった方法です。今必要なのはその自己保身法を作り直すことです。セックスを例にとりましょう。人間の歴史には、すべての人間ができるだけ多く無差別にセックスをするのが絶対に必要だった時代や時期もありました。種としての生存が人口増加にかかっていたからです。その目的のためには個人的好みなども無視しなければなりませんでした。ですから、人間の心理構造のなかには、このような行動は自分にとっても、人類にとってもいいことなのだという意識があります。現在の地球を見わたすと、これはもう当てはまらないのですが、そういう洗脳された意識がまだあるのです。

現在は、人は自分の好きなように自由に性行動を選べます。自分の行動が適切なものかどうかを見分けるには、自分の人生で起きていることや、まわりの人たちの言葉に耳を傾けることです。その人たちから、あなたは苦しみを生んだり、不適切な行動をしていると言われるとしたら、そして、同じことを何度も言われたら、自分の行動を検討すべきだと思いませんか。そういう人は、自分の行動が過去の心理に根ざしたもので、今の自分には不適当だということに気づかなければなりません。誰もが自分の心理構造のなかに遅れた部分を持っています。

ここに、もう一つのすばらしい例があります。「勤労倫理」と呼ばれるものです。「勤労」も「倫理」も意味の狭い言葉です。言葉に冷たい響きがあるでしょう？　言葉の持つ響きによって、その言葉がどれくらいの広がりを持ったものかわかります。勤労倫理という言葉は大きな広がりを持っているように聞こえるでしょうか。この言葉の持つ限界がそのまま世界に鳴り響きます。この言葉は特定の意味と目的を持っています。というのは、歴史上のある時代においては、個人の気持ちや快適さや家族との団らんなどよりも、勤労倫理を最優先することが必要であったからです。

あなた方が今もそうしているのは、何もあなた方が人の気持ちを大切にしない冷たい人間だからではありません。あなたは、この世で何世紀ものあいだ用いられつづけてきた行動パターンで、動いているにすぎません。あなたは、それらの古い行動パターンのうち、どれが今も役に立つのかを選んでいないのです。あなたのまわりの世界全体が、あなたは働きすぎだと言っているのなら、たぶん、あなたは過去世の経験にもとづいて働いているのでしょう。今の生き方が、それだけの価値があるかどうか、自分に訊いてみてください。同時に、自分のまわりを眺め、自分の人生やまわりの出来事からメッセージを受け取ってください。そのあとで、自分の存在の奥深くに入り、どうすべきかを決断してください。

人は習慣から物事を選択します。これからの数年間は、習慣的パターンにもとづいた行動は何か不快に感じるはずです。習慣的パターンは、情け容赦なくたたかれることになります。あなた方は、地球界が大きな変革を経験しようという時代に転生してくることを望みました。変革は今可能ですが、それは必ずしも人をいい気持ちにさせることではありません。しかし、あなたは勇者であるかないかのどちらかです。あなたがこの時代に転生してくることを選んだということは、これらのパターンに直面する準備が、何らかの意識レベルでできているということです。まわりの世界やまわりの人々に訊いてごらんなさい。あなたは閉じられた世界に住んでいるわけではありません。まわりの世界は、常に真実をあなたに反映してくれています。勇気がある人は自分の子供に訊いてごらんなさい。子供は歯に衣を着せずに真実を話す能力があります。子供たちは真実を話します。そして、あなたはそれが本当でないことを祈るのです。

これは何も、自分に向けられるネガティブな言葉のすべてを信じよ、ということではありません。ただ、表面的には違っても、同じ内容のことを何度も聞かされるようであれば、それに注意を払ってください。そして、真の勇者になりたければ、自分から積極的にそれを求めることです。つまり、自分に向かって、「今日、私は心をできるだけ開いて、自分の暗闇に関するメッセージを何度も何度も聞くようにしよう。**私はどうしても知りたいのだから**」と言うのです。そうやって外の世界に出かけていくのです。手で顔を隠したりせず、大きく両手を広げて出かけていくのです。自分の暗闇について聞こうと決断すると、聞くのがそんなに辛くなくなります。自分が聞きたくないことを聞こうと心を決めていると、自分を弁護しようとしているときほど傷つかないのです。この違いがわかりますか。

自分の全体性を取り戻す必要から、勇気をもって心から聞こうとする態度と、相手の言うことをただ我慢しながら聞くのとでは、大きな違いがあります。自己防衛しているときには、自分を閉じているので、情報はほんの少し入ってくるだけです。自分の暗闇に関するメッセージがやって来たときに最初に思うことは、「逃げだしたい」ということです。けれども、逃げてもそれはやって来ます。自分のすべてを回復するためにあなたが呼んでいるのですから、必ずメッセージはやって来るのです。

自分をごまかさないでください。あなたのまわりの出来事や人々の一部はウソの証言をするでしょう。でも、すべてがそうではありません。自分について本当に知りたいと思っている人は、毎日何か新しいことを学ぶはずです。自分のすべてでありたいと思う人は、心を開いて耳をすましてください。未解決の問題が何もないのだったら、あなたは地球界に存在していないはずです。解決してしまいましょう。自分を完全に知ることによって、それを解決できます。すばらしいことに、自分の弱さを本当に知ったとたんに、それを解決するプロセスが自然に始まります。

前にも言いましたが、あなたは自分一人では何もできません。ですから、自分の存在のなかで常に自分の暗闇に直面し、目に見える世界と見えない世界の両方に助けを求めるのです。これには祈りがすばらしい効果をもちます。自分から暗闇が取り除かれるよう、自分のしていることがはっきり理解できるよう祈るのです。自分の暗闇をはっきり見る可能性にワクワクしている人には、その人の宇宙全体がやって来て、解決法を示し始めます。暗闇の部分に光をもたらしつづけていると、やがては消え去ります。自分のなかの暗闇の存在を認め、それを変えたい、今と違うようになりたいと願っている自分の気持ちを認めてください。それをつづけてください。変わりたいという願いを発信した瞬間、エネルギーがやって来始めます。あなたはただそれを受け取ればいいのです。そして、自分自身と闘うことをやめたあなたは、体全体がそれまでとは違って感じられるようになることでしょう。

今までは、自分と闘っていたのだということに気づいてください。自分の暗闇を見ないようにすることは、自分と闘うことです。すすんでみずから見ようとすることは、自分の味方になることです。自分の暗闇を処理できない人など、一人もいません。

自分の未解決の暗闇の部分を認め、それを解決したいという気持ちを認めることから、まず始めたらいいのです。こうすることで、あなたは五十一パーセントだけ、自他を傷つけない調和の存在になります。なぜだかわかりますか。自分の暗闇に悩まされている人は、まるで自分の後ろに犬がいて、シャツをひっぱられたり、ズボンをかまれたりして、困っているようなものです。自分の後ろに自分を困らせ、悩ませるものがいるときには、心から生き生きとして、自分のまわりの人に優しくするのはむずかしいものです。けれども、自分の暗闇を取りだして、それを自分の前におき、暗闇をもっとよく知りたいと言えば、そのとき暗闇とコミュニケーションをとり、一体となり、解決するチャンスが生まれます。

自分の存在の内面奥深くに入り、自分の暗闇に注意を払っている瞬間には、あなたはとても人間らしくなり、すべての人を愛することができます。人類を愛するには、自分自身が人間的にならなければなりません。そうでなければ、あなたは人類よりすぐれていることになってしまいますが、上から人を愛することはできないのです。

「悟りを開いた者」はどのように愛すると思いますか。彼らのパワーはこの地球の下の青い空間の深さよりも深く根をはり、彼らの頭は星とともに宇宙に飛びかい、あなたの目にはとても見えません。彼らはあなたを上から愛すると思いますか。彼らの存在は、この全宇宙の創造物を片手で持てるくらい、とてつもなく広大なものです。それでも、彼らは上から、優位の立場から愛するのではなく、自分の全体性をもって愛するのです。あなたの存在も同じくらい広大なのですが、あなたはそれを忘れてしまっています。あなたは自分のことを、このちっぽけな惑星の上を歩いている、ちっぽけな人間にすぎないと思っています。でも、本当はそうではありません。あなたの頭も星のあいだにあり、あなたの脚も濃紺の宇宙空間のかなたまで下りています。それほどあなたは広大無辺です。誰もあなたを助けだしたり、救ったりする必要はありません。**あなたが救う者であり、あなたが救われた者なのです。**

あなたがしなければならないのは、目覚めることです。「目覚める」ということは、今まで自分の後ろに隠していたものを取りだし、自分の視野のなかにおくことです。「眠れる者」は、自分自身から隠れています。勇者は目覚め、こう言います。「準備ができた。自分をも他人をも傷つけず、調和をもって生きるために、私は知りたい。自他ともに傷つけず、調和のなかで生きることが、この地球でパワーをもって生きる唯一の道だから」

自分を他の人間よりすぐれているとは思わず、全人類と一つになりきった人の目には慈悲の涙があふれ、すべてであり唯一である〝大いなる一《いつ》〟しか見えないでしょう。**〝大いなる一〟しかありません。**あなた方の肉体はその一つの光を取って、それを何百万何千万の光に分裂しました。けれども、プリズムを通る太陽の光がもとの一体性を失わないのと同じく、あなた方ももとの光のままです。あなたが自分の未解決の問題に直面する勇気を持つと、あなたの心が一挙に大きく開かれ、人間は誰でも同じ問題をかかえているのだ、ということに気づきます。あなた方はみな怖れているのです。それというのも、自分はこの危険に満ちた世界を行く先もわからずに進んでいる、ちっぽけな存在である、と誤解しているからです。

この〝大いなる一〟を前にしたときに人が知るのは、自分の目の前を通りすぎるものすべては自分そのものであり、それは決して自分を傷つけることはできないということです。さらに、これまでの人生も、自分は完璧な安全性のなかで生きてきたのだ、ということも知ります。この地球に一歩を踏みだしたとき以来、ただの一瞬も安全でなかったことはないのです。

あなたほどの広大無辺な存在が、どうして自分の小ささを怖れたりするのでしょうか。それは不可能です。あなたは自分の本当の姿を忘れてしまっているのです。目を覚ましてください。毎朝、そして起きているあいだ、できるだけ長い時間、自分の真の姿を思いだしてください。自分の精神がただよう星の海と、宇宙にのびる脚のパワーを思いだしてください。あなたがその広大無辺性をたとえ少しでも感じれば、そのたびごとに、それだけあなたの意識のなかに広大無辺性をもちこむことになります。そうなると、今のあなたが自分の小ささを意識すると同じくらいの確かさで、広大無辺性を意識できるようになります。けれども、自分が何者かを思いださなければなりません。思いださなければならないのは、それだけです。

あなたはそんな広大な意識の存在をみずから創造することはできません。もちろん、その必要もありません。あなたはすでにそうなのですから。これまでのあなたは、これ以上小さくできないというほど自分を小さく考えてきました。思いだすことで目覚めがやって来ます。**必ずやって来ます**。目覚めてください。私たちにはあなた方が必要なのです。

第3部

道

自己変容はプロセスではありません。
それを望んでオープンになれば、起こります。

瞬間《いま》に生きる

一九七九年三月十一日、ニューメキシコ州ソコロにて

質問　一見矛盾した二つの考え方について、コメントしてくださいませんか。「グル（導師）につくのは役に立つ」というものと、「自分のパワーを他人に渡してはいけない」というものです。

これは当然出てくる疑問ですね。私は、自分の覚醒を助けてくれるような高度なパワーの必要を説くと同時に、自分のパワーを他人に渡してはいけないとも言いました。では、これらの二つはお互いにどのように関係しているのでしょうか。

まず、「パワー」という言葉が何を意味するのかをはっきりさせましょう。私が言っている意味は、強さや広がりを持った内なる感覚のことで、これは物質界では、他人に害を与えず、その

人を最大限に生かす行動として現れます。わかっておいていただきたいのは、この地球界での本物のグルや師についている人からは、そんな質問は決して出ないだろうということです。グルはあなたから何かを奪おう、などという気は全くないからです。実際、グルは自分自身のすべてを、あなたと分け合いたいと思っています。グルは、あなたに何かを与えたいというエゴの欲求もなければ、あなたから何かを奪いたいというエゴの欲求も全くない状態にいます。

他人に自分のパワーを与えないように、と私が言うときには、特定の状況をさして言っています。あなたの師やグルが何らかの形であなたに何かを求めたり、日常的な小さな問題までを含むすべてを、相談に来るようにと要求するようであれば、そのような関係はもう一度見直すべきだと言っているのです。そのやり方は、自分は弱くて、問題を自分で処理できないという気にあなたをさせるだけです。

ところが実際は、その反対こそが真実です。あなたは自分の問題を完全に処理できますし、そうできないと思うのは全くの錯覚です。それこそが私が打ち破ろうとしている幻影です。ですから、師やグルやマスターについている人は、自分の関係をよく観察してください。グルはあなたの日常生活上の質問などは、あなたにつき返してくるはずです。本質的問題は常に、「**どうしたら目覚めることができるか**」、です。それ以外は重要ではありません。

日常生活上の問題に関する質問を師にするということは、その問題に重要性を与えることであり、それに答えることによって、師のほうも、その問題が重要であると同意していることになります。これは、あなたを強めるどころか弱めてしまいます。真の師は、あなたの幻影を打ち砕きたいと思うはずです。あなたの幻影の世界のぐらついている橋を支えたりはしません。日常生活上の問題に答えることは、そのような問題が重要だというあなたの考えを強化することになります。本物の師は、あなたが自分の本当の姿に目覚めることだけを望みます。

自分が想像できる最高の意識に自分のすべてをゆだねることは、自分のパワーを捨てることではありません。なぜなら、自分のすべてをゆだねるというのは、自分のパワーと「相手」のパワーとが混ざり合うことだからです。本当は、別々に見えるこれらのパワーは常につながっているのです。あらゆる神聖なエネルギーは、すべてをゆだねる行為などがなくとも、初めから一つに結びついているのです。私の務めは、あなた方がこの真理に気づいて、それを活用できるようにすることです。ですから、私が「自分をゆだねる」と言うときには、それは自分のパワーを誰かに手渡すことではなく、パワーを合わせるということなのです。そうすると、自分が弱くなるのではなく、反対に自分のなかに、はかりしれないほどのパワーがみなぎってくるのが感じられます。人が真の神なるエネルギーに触れた場合は、パワーがドーッとあふれてくることでわかります。

ここでいうパワーは、人を傲慢にするものではありません。このパワーは、人の存在のなかをめぐり、気分を高揚させるものです。それは大胆で、勇気に満ちており、「これでいいのだ」と常に思える気持ちです。これこそが、〝神なる源〟とつながっている証《あかし》です。自分は取るに足らない弱い人間だと感じているとしたら、その人がしていることは何であれ、「自分のすべてをゆだねる」ことではありません。わかっていただけたでしょうか。これは非常に大切な点です。

グルや師が、あなたを無力で非力な存在と感じさせているとしたら、その関係を見直してください。地球界の師であれ、ほかの次元の師であれ、自分の師との関係を分析するのは弟子の責任です。さらに、師との関係がどのように進展しているかに注意を払うのも、弟子の責任です。師との関係が、日常生活の細々したことや、精神生活のささいな点にまで指示をあおぐような関係になりつつあるとしたら、その師に対して疑問をいだくべきです。それに反して、自分自身の内なる力を身につけるよう仕向けられ、覚醒とは何かを自分で発見するために自分自身に向かうよう仕向けられているのでしたら、その人は真の師のバイブレーションのなかにいると言えます。自分自身を助けることを学んでいくと、あなたは自分が「幻影」を脱ぎ捨てつつあることを感じ、自分のなかの多くのものが生まれ変わり、新たな世界の前に立ち、新たな気づきを経験していることを知ります。

質問　「ものに囚われないこと」と、「すべてをゆだねること」との違いを説明してくださいませんか。

究極的には、どちらの道を歩んでも、行き着くところは同じで、「ものに囚われないこと」と、「すべてをゆだねること」は、初めから大きな違いはなかったことがわかります。違いはむしろ、ものに囚われないようにしようとか、すべてをゆだねようとしている人の性質の違いにあります。人によってどういう面が強いかという違いがありますから、ある人にとっては、ものに囚われないということが最も重要な点になりますし、ほかの人にとっては自分を投げだし、ゆだねることがキーポイントになります。愛というものが最も大事だと感じる人は、すべてをゆだねるという観点から話すでしょう。

ゆだねるというのは、何かに対してゆだねるのですから、そういう人は、自分の成長段階に従って、その時点で最もパワフルと思えるものに自分のすべてをゆだねます。こういう人にとっては、グルや様々なアバター（神の化身）が最も役に立ちます。グルやアバターには全く魅力を感じないという人は、「神」に自分をゆだねることもできます。しかし、忘れてはならないのは、このようなグルやアバターたちの基盤となっているものは、「**唯一存在するのは〝大いなる一《いつ》〟である**」という真理であり、これは体験することの可能な真理だということです。

もう一つの方法は、ものにこだわらないという道です。これは、いわゆるインテリと言われるタイプの人に適した方法です。すべてをゆだねる方法では、〝大いなる自由〟へ向けて突き進むときに使われるのは、その人の感情体（人間のなかで、感情を感じる部分）です。ものにこだわらない方法で使われるのは、その人の精神体（人間のなかで、思考を扱う部分）です。自分の感情に関心があり、感情にもとづいて行動しがちな人もいれば、どちらかというと知的判断にもとづいて行動する人もいます。

ものにこだわらないときには、人は自分の精神と感情が異なる役割を演じる様子を観察できます。そして、それをつづけていくと、自分がこの地球界で演じる役割と、自分の本質とは違うのだということが理解できるようになります。ものにこだわらない態度を常にとるには、自分自身を観察しなければなりませんし、しかも、批判的にそれをしなければなりません。ここでいう批判的にというのは、自分自身のなかで起きていることの何を、自分は観察しているのかを明確に意識し、正直にごまかさずに観察するという意味です。自分自身を誉めあげたり、またはこきおろしたりせず、その状況の真実のみを見ることです。

そうすると多くの状況のなかで、あなたがどういう立場にあるかを、まわりの人が知らせてくれることに気づくでしょう。ほかの人があなたに言うことを注意して聞き、それに対する自分の反応を観察してごらんなさい。自分のバランスがとれていない面が、はっきりとわかります。これに対してはべつに思い悩む必要はありません。素直に自分の存在の内側を見つめ、自分の今の状況を理解し、大げさに喜んだり、心配したりすることなく、ただアンバランスな面をまっすぐにすればいいのです。

自分を一日だけ、批判的に観察すれば、どのようにすればいいかがわかります。何もむずかしいことではありません。**細かく注意を払いつつ、自分が学んだことを実行してください。**自分の知的機能を使いすぎていると感じたら、意識的にそれをやめ、それ以外のものを使うようにしてください。自分の内部に入り、問題を感じるようにしてください。いつも感情で動いている人は、感情的反応をわきにおいて、理性的機能を使って問題を処理してください。

ものにこだわらないという方法をとる場合、常に忘れてはならないのは、「愛」は絶対的になくてはならないものだということです。そして、自分の心をゆだねる方法を選んだ人は、理性という機能を常にたずさえておく必要を知っておいてください。バランスを保つためには、**愛と理性の二つが一緒になくてはなりません。**そして、バランスと調和を保ちながら求道をつづけていくと、ゆっくりとたゆまず確実に覚醒への道が開けてきます。

質問　なぜバランスを保つことが大切なのですか。

エネルギーのアンバランスは人を苦しめつづけるので、ほとんどの人間が、エネルギーのバランスを取り戻すために転生をくり返します。感情や精神や肉体上のアンバランスが頭をもたげ、人を混乱させ、単純な問題もその本質を見えなくします。大きな愛の心を持つ人でも、すぐにしょげかえったり、怒りっぽかったりすることもあります。このような人は、こういったエネルギーを「静める」ために、知性に根ざす論理的機能をもっと使うことが役に立つでしょう。その反対に、多くのインテリと言われる人は知的活動に片寄っていて、直感的機能が衰えています。そのような人は自分のなかの感情的側面に接して、バランスを取り戻す必要があります。

大きなアンバランスの問題がないときのほうが、〝大いなる自由〟へ向けて確実な前進をしやすくなります。ほとんどいつも知的機能または感情的機能のどちらか一方だけを使い、もう一つの機能をおろそかにしている場合、その人はバランスが欠けていると言えます。現代ではこのようなアンバランスがむしろ助長されています。男性は知的性格をもっており、女性は感情的性格を持っていると広く信じられているからです。このような信念体系は、人が一つの面から他の面へと自由に移行するのを妨げます。よくバランスのとれた人とは、これらの両方の側面を自由に使い、人の心がよくわかり、深い愛情をもって人を愛することができ、しかも、感情や知性におぼれることがなく、囚われない心の持ち主です。

質問　どうすれば、ものに囚われないようになれますか。

今日の地球の生活でよく見られる状況を例にとってみましょう。交通ラッシュのなかで車を運転するというのはどうでしょう。一日中働いたあとで家路につきます。まわりは車でいっぱいです。とても疲れていますが、道路が混雑しているので、家に着くまで長時間かかるだろうということが予想されます。すると突然、あなたの前の車がひどい運転をし始めました。(ひどいというのは、こうあるべきとあなたが考えるやり方以外のすべてです)。このときこそ、ものに囚われないことを学ぶチャンスです！

あなたはまず怒りの感情が湧き起こってくるのを感じます。あなたの肉体のなかには、はっきりとした怒りの動きがあります。このプロセスの初期の段階では、怒りが最初に起こるのを防ぐことはできないでしょう。それはかまいません。しかし、その次にあなたがすることがとても大切になります。「怒りを感じた瞬間」に、「これは怒りだ」と言うのです。心のなかで**その感情に名前をつける**のです。「これは怒りだ」というように。自分のなかではっきりさせなくてはならないのは、怒りというものが存在し、その怒りの状態にいる誰かが存在しているということです。「私は怒っている」と言ってはいけません。それでは、自分と怒りが一つになってしまうからです。「これは怒りだ」と言えば、存在は二つあることになります。次のステップは、**自分が起こす反応を選択する**ことです。このような場合にも自分で選択することができる、ということがやがてわかります。このことが、ものに囚われない境地へと導いてくれます。

もしあなたの反応が、自分でコントロールできないようなエネルギーであったなら、自分の反応を選択することは全くできないでしょう。あなたはそれにコントロールされ、どんな感情でも、そのときあなたの体のなかを流れる感情を、無意識に受け入れるだけになってしまいます。けれども、自分と感情とは一体ではない、ということがすぐわかるようになります。そして、ここで、あなたは選択するのです。これまでと同じような怒りの劇を自分はまたくり返したいのだろうか、と自問してください。それがどんな筋書きかはもうわかっています。相手の車をやりこめようとして、クラクションを鳴らし、げんこつを振り回し、怒鳴ります。これらはすべて筋書きのなかにあります。仕返しをしようとします。ときには復讐をするために、自分自身や自分の車を痛めることさえあります。

やがて、相手に怒るかどうかは関係ないのだ、問題の本質はそこにはないのだ、ということがわかるようになります。〝大いなる自由〟を求めるのでしたら、自分のパワーは、選択することにあるということを理解しなくてはなりません。**それを理解した瞬間、あなたはほかの反応を選ぶことができます。**

自分のなかで、エネルギーが湧き上がってくるのに気づいてください。**そのエネルギーの存在を認め、**その感情に名前をつけてください。名前をつけることを通して、それから自由になれます。というのは、それによって、すでに反応を自分から一歩離れたところにおくからです。それから、その反応を変えたいと思わなければなりません。そうすればできます。まず、「たった今、私は違うものを選ぶのだ」と言うことから始めます。そして、選ぶのです。

こだわらないことを実行するのは、むずかしくありません。むずかしいのは、むしろものにこだわらないようになりたい、と決心することです。なぜなら、自分に正直であれば、自分が攻撃されたときには、仕返しをしたくなるということを認めざるをえないからです。恨みをいだき、自分にされた仕打ちをいかにして相手に返すかと、あれこれ考えます。誰もあなたを止める者はいないでしょうから、どうぞ思いのままに攻撃してごらんなさい。

けれども、そうやっていくと、結局傷つくのは自分であるということがわかりますし、そんな生き方はとてもつまらない生き方だと気づきます。怒りや復讐よりも、自分で選択するやり方のほうがずっと生き生きした生き方だということがわかります。あなたは神の共同創造者なのですから、どうせなら、生き生きとした喜びにあふれ、永遠性を持つやり方で、神とともに創造する仕事を始めたほうがましです。そして、ネガティブで他人を無力にするような敵対心に満ちたやり方は、やめたほうがよくはありませんか。

そのためには、完全に自己の内部にいることです。その瞬間に起こっていることを、明確に意識することです。車を運転しているときは、ハンドルにある自分の手、アクセルを踏む自分の足、自分の頭のまわりを吹く風の感覚、空気の匂いなどを意識することです。これらのすべてを敏感に感じていなければなりません。怒りや恨みが湧き起こってきたときに、**あなたがそこにちゃんといることができるように**、です。そうすれば、上司にこう言えばよかった、などという夢想から現実に戻ってくる必要もなくなります。瞬間的に自分の感情を感じて、認めることができるので、それを変えるチャンスに恵まれます。したがって、昔ながらの反応から自由になることができます。

しかし、あなたの意識がそこになかったら、それが非常にむずかしくなります。感情とそれに対する自分の反応はあっという間にやって来るので、つい以前どおりのやり方で反応してしまいます。これらはすべて、あっという間に起こります。ですから、あなたは一瞬にして自由になることもできますし、一瞬にして囚われることもできるのです。そこで、自由になるチャンスを得るには、**あなたの意識がどの瞬間においても、今、自分のいるところに、おかれていなければならないのです。**

質問　どうすれば、物や欲望などに対する執着から自由になれるでしょうか。

とてもよい質問ですね。自分が持っている執着のうち、まず最も執着しているもの、最もはっきりしているものから始めてください。それが何かわかったら、次に、なぜそれから自由になりたいのか自分に訊くのです。欲望が何であれ、それから自由になることが自分にとって「大事であり必要なのだ」、とあなたが信じることが不可欠です。人や物や主義などに執着することに何らかの価値を見いだしている限り、それから自由になりたいとは思わないはずです。自分自身と戦うことはできません。自分がまだ執着していたいものから、自分を引き離すことはできません。

そこで、まず最初に、自分が何かに執着しているという事実に直面することです。強く執着しているものを選んでください。夫や妻だったり、お金だったり、権力やセックス、または酒や麻薬などかもしれません。色々な可能性があります。そこで、それらに執着することによって自分が得ているものは何か、リストを作ってください。この執着しているものがなくなったら、どうなると思いますか。

たとえば、愛情関係をとってみましょう。誰かに非常に強く執着していることはよい生き方だ、という錯覚を人々はいだいています。それがよいことかどうかは、どんなふうにあなたが相手に執着しているかによります。愛情にもとづいて執着しているのと、怖れにもとづいて執着しているのとでは違います。多くの愛情関係が、怖れ、相手を失う怖れに根ざしています。自分の相手があなたの人生から去っていったらどうなるか、自分に訊いてごらんなさい。

こういう角度から自分の関係を見てみると、自分と相手との関係が、自分にとってどういう意味を持っているのか理解できます。この相手がいなくなったら、あなたはもう愛されるに値しないのでしょうか。あなたを愛してくれる人は、もう現れないのでしょうか。あなたは一人ぼっちになるのでしょうか。自分が非常に強い執着を持っていた相手を失った人は、自分はもう誰からも愛されない、という思いに打ちひしがれます。そういう人は、自分の価値が何かという判断を他人の手にゆだねてしまったのです。これはとても愚かなことですし、とても非現実的なことです。

自分の愛情関係を見て、自分がそれにいかに執着しているかがわかると、自分を非力なものにする関係に、自分を巻きこんでしまったことに気づきます。そうすると、その関係が自分の人生のプラスではなく、マイナスの面であることが見えてきます。そこで、その執着から自由になりたいという自分の気持ちに、全エネルギーを注ぐことができます。執着から自由になって、無限の愛にもとづいた人生を歩みつづけてください。そのほうが、ずっと大きな満足感が得られます。愛情関係はつづけても、所有欲は捨て去ってください。

今度は、物に執着している人、そうですね、車に執着している人について話しましょう。こういうタイプの執着は、たいした問題ではないように思えるかもしれませんが、そうでもない場合があります。その車とか物とかが、その人にとってどんな意味があるかによるのです。非常に強い物質欲に囚われている人にとっては、車は、自分の所有物に照らし合わせて、自分の価値を判断するということを意味します。これがその人の価値の基準なのです。執着しているものが車であろうと、人間であろうと、問題ではありません。自分以外のものに執着していると、それがなくなったら自分の価値は減ると感じます。自分の執着が見えたからといって、自分の愛情関係から抜けだしたり、自分の所有物を全部売ったりしなさい、ということではありません。するべきことは、その執着の後ろに空虚感、疎外感、空しさがあることを認めることです。そのような空しさを埋めようとして、人や物にしがみつくのは、健康で自由な生き方ではありません。このことを理解すると、ものにこだわらない境地への一歩を歩み始めたことになります。執着を捨てることに価値を見いだすのが、その第一歩です。

現在あなたは、自分自身の最も深いところから来る真の望み、〝大いなる自由〟を得るという望みにそった生き方をしています。海辺で砂の橋を作る子供のように、孤立の幻影を築きつづけるのもけっこうです。それも楽しいでしょう。しかし、あまり深刻にとらないことです。執着のすべてに言えることですが、深刻にとらないほうがいいです。つまり、楽しいし、役に立つけれども、あまり深刻にとるべきではないということです。ほかのすべてを忘れるほど、自分の恋愛を深刻に考えないことです。また、自分の所有物にあまりに大きな価値をおいて、それを失うことも考えられないほど、夢中になるべきではありません。これらの物が、あなたの人生に自然に入ってきたり、出ていったりするのにまかせてください。そして、喜んで興味をもってそれらの動きに自分も参加するのです。ものにこだわらなくなる必要が理解できると、あなたの意思は、〝神なる意思〟と結ばれたことになり、このプロセスはずっとやりやすくなります。

次のステップは、最も強力な道具として「気づき」を使うことです。気づきは自分の本質を思いださせてくれます。ものにこだわらないのも、それを思いだす方法の一つですし、すべてをゆだねるのも、思いだす方法の一つです。これらは、あなたが自分の真の姿でないものの幻影から、自分を解放することができるように、自分の本質を思いださせてくれる方法です。物に対してそれを所有するに値すると考え、特定の人に対して関係を持つに値すると思い、人や物が自分の最大のエネルギーを使うに値すると信じている限り、こだわりを捨てることは決してできません。

人が最も望むことが現実となるのですから、〝大いなる自由〟を得たいという深い望みを自覚するまでは、「自分と神、自分とまわりの世界とは、切り離された別のものである」というエゴが創りだした世界観に、従いつづけることになるでしょう。ある人との関係がほかの人との関係より大事だというのは、すべては〝大いなる一〟であることを否定することです。エゴは特別の愛情関係を生みだして、「あなたは他人とは違うので、特別である」と思わせようとします。

けれども本当は、**あなた方はすべて同じなのです。**今までもずっとそうでしたし、これからもずっとそうです。最も高貴な人から最も堕落した人まで、すべての人間は同じです。そして、あなた方のあいだのちょっとした違いなどは幻影にすぎず、自分で自分をしばるためにあります。そんなものはさっさと忘れてしまってください。無意味なものです。そんなものは、無のなかに落としてしまってください。どうせ無から生まれたものです。今この瞬間にこそ、〝大いなる一〟の完全性が存在することを、かたく信じてください。**この完全性に触れることができるのは、今この瞬間においてほかはありません。**

質問　欲望を取り除く過程は、基本的に自分の欲望に注意を払うことにあるように思えます。注意を払うことは、「ものにこだわらないこと」や「すべてをゆだねること」になりますか。

質問のなかに答えがあります。人が注意を払えるのは今この瞬間だけです。実に単純なことです。一瞬一瞬に意識があるときは、あなただけがそこにいて、それ以外のすべては存在しません。

そうした瞬間には、自分とまわりの世界が切り離されていると感じることはできません。そこにあるのは、あなたと、あなたのまわりのものと、あなたのなかにあるものだけです。注意を払っていれば、それが何かはっきりとわかります。ですから、やはり「注意」がキーポイントです。

それでは、すべてをゆだねるというのは、注意を払うという観点からどう考えたらいいのでしょうか。何に自分をゆだねているのかが焦点となります。その瞬間にあなたが身をゆだねるのは、〝大いなる唯一の神〟です。すべてをゆだねるというのは、一度やってもう忘れてしまうというものではありません。すべてをゆだねるというのは、その人の「あり方」の問題であり、毎瞬毎瞬、〝広大無辺なもの〟につながっているということです。そして、〝広大無辺なもの〟につながるためには、〝広大無辺なもの〟の存在するところにいなくてはなりません。それはどこだと思いますか。それはここです。「未来」とか「過去」などというものは存在しないのですから、「今」しかありません。〝広大無辺なもの〟に参画するには、ここにいなければならないのです。

人が、他人や出来事や自分の感情などをコントロールしようとするときには、過去の出来事や未来に対する願いに動機づけられています。コントロールしようとしないでください。**あるがままにさせておくのです**。あるがままにさせることによって、その瞬間における心の平安や知恵や〝大いなる自由〟がやって来ます。今あなたの前にあるものこそが、あなたが本当に知ることのできる唯一のものだからです。生があり、死があり、生と死のあいだのすべてのものがそこにあります。〝大いなる全体〟のすべては、瞬間の連続にすぎません。そして、それがすべてです。

心を開く

一九八〇年十一月十一日、ニューメキシコ州ソコロにて

バーソロミューから新郎スティーブンと新婦キャサリンへの祝辞

ほかの人と同じように、あなた方二人も、もっと愛する力を高めたいと思っていますが、同時に今、その限界も感じていますね。人は自分自身の愛の力を広げたいと望み、さらに、自分や相手が十分に生かされ、神を感じるにふさわしい関係を作りたいと願っています。そこで今夜、あなた方の結婚を祝して、一つお話したいことがあります。

物質界でお互いに対してどんなルールを設けているにしても、〝大いなる神〟の目から見ると、お互いに対して自分の意識のなかで持つべきルールはただ一つです。お互いを見つめ合うときに、二人が〝大いなる黄金の光〟のパワーをもって相手を見ることができるかどうか、それだけです。

二人のあいだに何が起ころうとも、〝大いなる光〟が存在すること、そして、永遠に拡大しつづけるこのあふれる光を、相手と分かち合うために光が存在することを忘れないでいられるかどうか、です。このことに対して疑いが起きたら、次のことを思いだしてください。愛することを選ぶのであれば、〝大いなる光〟をもって愛してください。決して人間の限られた心で愛さないことです。〝大いなる光〟をもって常に愛してください。すべての人がこの光を持っていることを保証します。二人ともこの光の存在を、未来永劫に心にいだくことを祈ります。

キャサリン、あなたが彼のなかに〝大いなる光〟を見、スティーブンがキャサリンのなかに光を見るとき、あなた方は自分の本質とは何か、相手の本質とは何か、そして、究極的にはこの創造された世界のすべての本質とは何か、ということを理解するようになるのです。この唯一のルールを心にかたくいだいていれば、失敗することはありません。二人は様々なところで何度もつまずくかもしれません。けれども、お互いが相手に対してそのような見方をしていれば、失敗することはありません。このルールは常にもう一度やり直すことを求めるからです。〝大いなる愛〟には失敗などというものはありません。ただ「もう一度やり直したい」という願いだけが、何度も何度も湧き起こるのです。

今夜はこのように始めましたので、私が非常に重要な問題だと考えていることについて、ここから話を広げていってよろしいでしょうか。あなた方はもっと愛する力を高めたいと望んでいま

すが、同時に愛に対する理解が限られています。それでは、どのようにしたらこの目的を達成できるでしょうか。

精神世界の探求をおこなう場合の問題の一つは、あまりに知的探求におぼれてしまって、最も役に立つ要素がそのなかで見失われてしまうことです。その要素とは愛する能力です。多くの人が私のところに来て、愛したいけれども、どうすればいいかわからないと言います。そこで、私が人間を観察して学んだことをいくつかお話したいと思います。

知的分析や概念化のさかんな現代にあって、人々は非常にシンプルな何かを忘れています。人々が忘れているのは、**人間の意識の基本的性質は愛である**ということです。この〝大いなる愛〟の表面にチラチラと映るたえまない影は、実は影以外の何ものでもないのですが、人はそれを現実と思いこんでいるので、影を反映したドラマの方に魅了されてしまい、そのあいだに愛はすりぬけてしまいます。そして、人は、愛し方がわからないと言うのです。あなたは愛し方をちゃんと知っています。けれども、やり方がわからないと信じている人は、教えてもらわないとわかりません。現代は何でも「教えてもらわないといけない」時代です。そこで、あなた方もどうやって愛するのか、教えてもらわないといけないというわけです。全くのナンセンスです！　誰に教えてもらうというのでしょう？

誰か愛する能力があると思える人を見つけたとします。その人に、どうやってそんなに愛情深くなったのか、説明してほしいと訊いてごらんなさい。本当に愛情豊かな人は、めったに自分のことを愛情豊かだなどと思っていませんから、その人はどんな説明も指導もできないことでしょう。愛情豊かな人のところに行って、愛し方を教えてほしいと言っても、その人は自分がどうやって愛すのか、見当もつかないと言うでしょうから、ダメです。けれども、愛情がない人のところへ行くと、どうやって愛するかさっそく教えてくれます。その人は、目的を達するために必要な訓練法を指導してくれるでしょう。そのためにはたくさんの本を読み、多くのテクニックを使わなければなりません。それを全部終了し、お金をつぎ込んでも、疑問はいぜんとして残ります。それで、少しでも愛し方がわかりましたか。

誰も愛し方を学ぶ必要はありません。必要なのは、もっと簡単なことです。自分の怖れを捨てることです。怖れがなくなったとき、愛がそこに現れます。愛と怖れは一緒に存在することができません。愛は、ちょっと料理して、さっと出す、というわけにはいきません。愛はいつもあなたとともにある「日用品」なのです。けれども、怖れがあなたの自然の感情を奪い、感じる力をしめつけています。あまりに長いあいだ、あまりに強く感情がしめつけられると、愛を与えることを考えただけで、のどや胸や胃などがキュッとしめつけられるようになってしまいます。何か優しいことを言いたいと思うのに、緊張して言えません。これは怖れです。何もあなたがもともと愛情に欠けた人間だというわけではありません。私はこれまで、ただの一人も愛情のない人に会ったことがありません。同じように、これまで一人も勇気のない人に会ったこともありません。

自分が愛を与えても、相手がそれを拒否するだろうという怖れがあるのです。この怖れはどこから来たのでしょうか。子供たちを見てごらんなさい。今の世は子供たちのためには作られていません。今は、子供たちの成長にとって非常にむずかしい時代です。自由気ままに愛情を表現できた時代もありました。愛するための時間があったからです。今は、セックスの時間はたくさんあっても、愛のための時間はありません。愛は時間がかかります。まだ小さいときから始める必要があります。あまりに忙しすぎて、子供に愛を示す時間がなければ、子供たちは自分たちが大人になったとき、やはり愛のための時間を作ることができないでしょう。

では、どうしたらいいのでしょうか。すでに大人になってしまった人は、子供時代に戻ることはできません。人を愛することができないと感じている人に、おぼえておいてもらいたいのは、愛することができない人は、いまだかつてただの一人も存在しなかったということです。愛することを怖れている人はいますが、愛を心に持っていない人はいません。あなたは愛することができるだけでなく、とてつもなく大きな愛の力を持っています。愛することほどすばらしいものはありません。けれども、まず最初に必要なのは、自分自身を違う目で見ることです。自分を、先を争って愛を奪い合う小さな虫けらと見なすのではなく、不変の愛に満たされた、すばらしく心の広い巨大な存在として見るのです。自分がそういう存在だとは自覚できないかもしれませんから、あなたがそういう存在だということを示すためのテクニックをここに紹介しましょう。

瞑想をする人は、瞑想のときに、ハートのセンター（心臓の近くにある愛のエネルギー源）と呼ばれるエネルギー・センターに意識を集中することが大切です。ハートのセンターにどんなエネルギーも流れていないと考えるのは誤りです。その代わり、そこで何かが動いていることを感じるように努めてください。瞑想のときに、心を静めれば静めるほど、ハートのセンターに何かを感じることができるようになります。よく気をつけていると、ほんの少し温かさを感じ始めます。そこでの動きが熱エネルギーとして感じられるのです。そして、このエネルギーが温かく感じられ始めると、ハートのセンターがあなたの意識のなかに入ってきたことがわかります。

では、瞑想をしない人はどうしたらいいでしょうか。その場合は、もう少しむずかしくなります。自分が愛に満ちた人間であることを理解することから、始めなければなりません。ほとんどの人は、誰かを愛するということは相手にもっと優しくするとか、もっと魅力的に見せるとか、もっと相手に気に入られるようにするとか、そういうことだと考えています。そういう考えを持っていると、とても傷つきやすい立場に自分をおくことになります。こういう愛し方は自分の外側から来るものです。他人から愛されるために、外的条件に頼っていると、失敗します。

もちろん、人に優しくすることから始めるのはいいことですし、私もそれはお勧めします。不親切だったり、自分勝手だったり、意地悪なことばかり言って問題を起こす人を愛するのは、簡単ではありませんから。そこでまず、**自分が愛に満ちた人間であると信じることから、始めなければなりません。**たくさんの人が私のところに来て、「私には愛が欠けています」と、何度もくり返し言います。自分には愛が欠けていると言うたびに、それだけ、その人は愛に満ちた状態から離れていきます。

愛することを始めるには、自分のハートのセンターを意識し、そこから愛のエネルギーが流れ出てくるのだということを理解することです。愛のエネルギーは、頭とか足の指から流れ出てくるわけではなく、心（ハート）から流れ出てきます。悩みや夢想でいっぱいの頭に意識をおくのではなく、心にできるだけ意識をおくようにしてください。むずかしいことではありません。ここで話しているのは、愛という動くエネルギーのことです。光輝く、すばらしい〝大いなる愛〟です。

けれども、お願いですから、その愛を特定の人に向けて創りだしたい、と望まないでください。自分自身に向ける場合はべつです。「私はあの人を愛する」などと、心に誓ったりしないでください。それはうまくいきません。それは、自分とその人とのあいだに分離を生みだすことになるからです。そうすると、あなたはその人に対して、何かをしなくてはいけなくなります。その人は、あなたの愛を望まないかもしれません。その人は、あなたが別の人を愛してくれたらいいのに、と思っているかもしれません。ですから、愛の対象を特定の人にしぼらないでください。ただ素直に愛に心を開いてください。愛のエネルギーを流してください。

愛のエネルギーを流し始めると、すばらしいことが起こります。**あなたは自分自身を愛し始めます**。自分自身を愛するようになるなんて、ゾッとしますね。胸が少しだけふくらみ、足どりがほんのちょっと軽やかになり、前よりもう少し生き生きしてきます。他人からイヤなことを言われても、それほど気にならなくなります。あなたは、自分のなかに愛のエネルギーのパワーを築き始めたのです。愛のエネルギーがどこに行き着くかは考えないで、それを生みだすことだけを考えてください。どこに行くかはそれが自分で決めます。人を愛しているが、自分自身を愛していないという人を私は信じません。自分のなかに愛を持っていない人が、外にいる人を愛することはできません。では、愛とはいったい何でしょうか。

愛に関して非常に重要な問題点があります。人々が愛と呼ぶ感情で、生まれたり消えたりする感情があります。きげんがよいときには、愛に満ちており、きげんが悪いときには、愛を感じない――これは私の話している愛ではありません。私が話しているのは、〝広大無辺なもの〟に存在するエネルギー域で、実際に観察できるもののことです。それは輝くばかりのピンク色をしており、動いたり、流れたり、光を放ったりします。あなたのなかを流れ動き、すばらしい感じがするものです。それが動くときは、ハートのセンターとかハートのチャクラとか呼ばれているところを選んで通過し、どこにでも行きたいところに行きます。

全くのところ、愛は自分の頭のなかでかきまわしたり、自分の感情体で動かしたり、つけたり消したりするようなものではありません。愛は、波のようなうねりを持ったエネルギーで、あなたのなかを流れ、通りぬけ、あなたのなかから光を放ち、すべてのものを変えます。光に含まれるすべての色があなたの肉体のなかに含まれています。ちょうど、プリズムがスペクトルの様々な色を生みだし、輝かせるのと同じように、チャクラの一つひとつが違う色を放っています。それらはみんな異なる性質を持っています。人間はそれらのすべての色に輝いています。どれがすぐれているということはなく、すべてがダイナミックに、生き生きと脈打つように動いているのです。

愛の季節が近づいているので、今晩は愛について話しています。クリスマスには、人はキリストに象徴される愛が自分のなかによみがえるのを期待し、そして、たいていは失望します。クリスマスの日が終わったのに、数々の贈り物もそれをもたらしませんでしたし、七面鳥のごちそうもそれをもたらしませんでしたし、集まった友人たちもそれをもたらしませんでした。なぜなら、愛のエネルギーに気づかなかったからです。

そんな失望を味わう必要はありません。今日から、あなたは愛のエネルギーに気づくことができます。しかし、それは意識的な努力で始められなければなりません。そうする決心をしなければなりません。愛に心を集中しようとしていますか。それとも、自分が愛情に欠けた人間であるとか、愛すべき人間でないとか、愛について頭であれこれ考え始めるのでしょうか。あなたが自分をどんな人間だと思っているかは、全く関係ないことです。誰でもいつでもこのエネルギーを感じることができますし、それを強化し、それとともに動き、それとともに変わることができます。

あなた方にちょっとした実験をやっていただきたいと思います。心を静め、ピンクという色に全身全霊をこめて集中してください。ピンク色がハートのセンターをダイナミックに満たしていく様子を心に描き、その輝きを味わってください。歩いているときに、それを感じてください。すわっているときにも、感じてください。人と話しているときにも、それを感じてください。とにかくいつでもそれを感じてください。それに寄り添ってください。そのすばらしさを感じてください。

そうしていると、突然、あなたは生き生きし始めます。文字通り、生き生きし始め、輝き始めて、すばらしい気分になります。そして、今度は悩みがないことを心配し始めるかもしれません。朝起きたら、幸せな気分がするでしょう。誰かが問題をかかえて、あなたのところにやって来ます。あなたはその人に、「大丈夫。心配することないよ」と言います。その人は、「あなたには、私の問題がわかっていないのだ」と言うでしょうね。でも、あなたはわかっているのです。

愛のパワーは、あらゆることを快く受け入れることが、可能だということを知っています。だからといって、人生のすべてが変わり、すべてが快適で完璧になるとか、すべてが思い通りにいくという意味ではありません。けれども、あなたのなかを流れ動く愛は、すべてのことがピッタリ「あるべきところにある」と感じさせてくれます。

あなたのなかに病気がある場合は、ほとんど必ず、あなたが愛を実践していないからです。あなたのなかに体や心の病気がある場合、それは心のざわつきが原因です。ざわつく心は誰かと調和していないことが原因で、その誰かとはあなた自身です。あなたは人生のほとんどを心配ごとに費やし、次の不運はいつやって来るのかと、いつも待っています。「誰かがやって来て、私をみじめな気持ちにおとしいれるのではないだろうか」、「誰かが、私の気持ちを傷つけるのではないだろうか」、「誰かが、私の聞きたくないことを言うのではないだろうか」、「私は失敗するのではないだろうか」、「私が何かして、それで面倒が起きるのではないだろうか」

これらのすべては本当になるかもしれません。でも、それでもかまわないのです。自分に向かって、「私は自分に新しい命を吹きこみ始めるのだ」と言い、自分が本当に生き生きとなって、自分を愛せるようになるまで、まわりの出来事は起こるにまかせるのです。外の世界の出来事にそんなに気をとられないでください。

愛の気持ちが湧き起こっていないのは、あなたが真剣にそうしようと努力しなかったからです。愛するのはやさしく、愛さないことはむずかしいのです。愛は自然なことです。自分の自然な状態に抵抗しようとすると、エネルギーがいります。ですから、自分のすべての悩みを、今はちょっとそのままにしておいてください。何らかの不安を感じていない人はいません。人間として当然のことです。けれども、今はそれをわきにおいて、放っておいてください。愛の動きを感じるようにしてください。

自分のまわりのものや人々に対する自分の見方が変わり始めると、あなたは幸せに感じるでしょう。しかし、何よりも、自分が愛のパワーを放つ境地に入れたということを、うれしく感じるはずです。他人があなたを愛してくれるかどうかは、問題ではなくなります。**あなた自身が愛に満ちているの**ですから。そうすると、他人があなたの思い通りにしてくれなくてもよくなります。人は、思いのまま自由に、生き生きとすばらしく生きていればよいのだし、あなたも他人がそうすることを受け入れられます。あなたには怖れがないのですから、そうできます。人は愛を失うことを怖れて、相手にしがみつきます。けれども、愛を失うことなどできない、とやがてわかります。愛はあなたのなかを流れ動くものだとしたら、誰がそれをあなたから奪えるのでしょうか。愛は与えれば与えるほど、増えていきます。

愛は人間にとって、不自然な状態ではありません。自分を愛してくれるように人を仕向けるとき、それが不自然になります。そのやり方はよくありません。あなたを愛するのは、彼らの責任ではありません。**あなたを愛するのは、あなた自身の責任です。**これは傲慢な意味で言っているのではありません。エゴはあなたに、自分を愛するのは傲慢なことだ、と感じさせたがります。けれども、自分自身を愛するまでは、他人を愛することはできないのです。もちろん、愛するふりをすることはできます。人に気に入られるために、自分を赤から緑へ、そしてオレンジ色へ、紫へと変えることはできます。そういうあなたは、愛に満ちているように見えるでしょう。けれども、あなたが緑でいたいときに、人があなたに黒であってほしいと言ったらどうするのですか。

では、愛はいったいどこにあるのでしょうか。愛はあなたの内にあって、洪水のように流れ出てくるものです。愛は、他人が楽しむことができる不思議な魅力を持ったものでもあるのです。そして、その状態になると、パラドックスが起こります。あなたは全く何も気にならなくなるのです。自分の家に一人でいるときにも、人に囲まれているときにも、同じだけの愛があるようになります。愛はあなたの内部にあるのですから、人がいてもいなくても、どちらでもかまわないのです。あなたがいるところには、どこでも愛があるのです。あなたの愛を分かち合う人が一緒にいるのもけっこう、誰もいなくてもかまわないのです。愛はそんなことにかまわず存在しつづけます。

あなたは植物を愛し、石を愛し、何でも愛します。不安もなければ、イライラもなく、要求もなければ、**期待もありません**。何を期待するというのでしょう? 人に期待するのは、相手を自分の思い通りにするためです。期待は、「私の要求をかなえて」と言います。しかし、愛ならばこう言います。「あなた自身の必要を満たしてください。私は満足していますし、何も不足していません。私が持っているものすべてを、あなたと分かち合いましょう。欲しければ、お取りください。いらなければ、そのままにしてください。私は愛です。何も期待しません」

そうした境地になることは、夢でも単なる空想でもありません。それは一つの可能性であり、今、可能なことです。**しかも、そんなにむずかしいことではありません**。問題は、そのためにどれだけの時間を費やす気があるか、ということにすぎません。〝大いなる愛〟はすでに豊富に存在するのですから、それに加わることもできますし、愛が欠けていると嘆いて、ときを過ごすこともできます。それはあなたしだいです。

　ここで強調しておきたいのは、この地球界に生きている人で、愛することができない人はいないということです。自分を、人を愛せない「冷たい」人間だと見なすことに、喜びを見いだしているのでしたら、そして、自分のことを冷たい人間だと思ってきたのでしたら、自分を愛情豊かな人間だと見なすように変わらなければなりません。これまでのあなたの人生ゲームは、人を愛せない人間として自分を見なすことによって成り立ってきたのですから、これはむずかしいことです。これまで自分を内側から突き動かしてきたのは、どんな自己像なのかに注意を払ってください。

　自分を、強くて大胆で有能で愛情深く、知的でユーモアのセンスに富んだ人間だと思っていますか。思っていませんね。なぜでしょうか。これらの性質のすべては、あなたが持っていてもよいものです。あなたは、自分を哀れみ、心配性で不安に満ちて、気が小さい神経質な人間だと思っていますか。その通りですね？

　親は、よく子供に向かってそんなことを言います。親が子供に向かって、いかにおまえは弱いかと言いつづけると、子供はそれを信じ始め、言われた通りの人間になります。しかし、弱さを主張するそのような言葉に、真実はありません。あなたは、自分が動くエネルギーだということを知らないので、混乱しているのです。人間は、動くエネルギーの周波数帯でできています。その周波数帯の一つが「愛」と呼ばれるものです。それを稼働させ、自分を愛してください。何もしないと、何も変わりません。

くり返しますが、自分以外の誰かを最初に選んで、「あの人を愛する」と決めたりしないでください。愛する対象として選ぶべきなのは、あなた自身です。私が、愛せよと言っているのは、あなたのエゴの性質ではありません。それらは必ずしも愛すべき性質ではないからです。愛されている人のすべてが、すばらしい人だというわけではありません。エゴの性質は本当のあなたではありません。人はその気になれば、エゴの向こうに隠れている〝大いなる愛〟の存在を見ることができます。肉体や精神や感情面での特質は、そのまま存在しつづけます。私は、あなたのエゴを愛せと言っているのではありません。自己、自分の奥深き〝大いなる自己〟を愛するようにと、言っているのです。そのような愛をいったん味わい、それと親密な関係を持つようになると、一体化することなく、自分のエゴの部分を受け入れることができるようになります。そうなると、もう問題に悩まされることがなくなります。

質問　この方法の助けとなるようなマントラ（くり返し唱える語句）とか、言葉とかがありますか。

あなた自身のなかで自分にとって意味のあるマントラを探せるはずですから、私からマントラを教えることはしません。自分自身で見つけたものがその人にふさわしいものです。私が教えると、それは観念的なものとなります。私は役に立つものは何でもいいという主義です。けれども、言葉を使うときの問題は、それが経験されるものではなく、観念的作業になってしまいがちだという点です。愛は心で感じるものです。愛は感情体とは何の関係もありませんし、感情のような感じはしません。人が愛を感じたときには、そうだとわかります。

あなたはエネルギー発生器であり、それ以上でも以下でもありません。どんなエネルギーを発生させるかはあなたしだいです。自分が発生器だとわかっているのですから、自分のためになるように発生させたらいかがでしょうか。ほとんどの人は無意識に動いていて、自分のほうにやって来たエネルギーを何でも発生させています。自分が何を発生させるのかを、自分自身でコントロールしないのであれば、あなたのまわりの世界が、あなたの生みだすエネルギーの種類を決定するでしょう。パワーを生みだすことに真剣になったら、自分が生みだすエネルギーの種類は、自分で選びたいと思うようになります。そのために言葉を使うのが役に立つならば、それもけっこうです。けれども、そのとき、エネルギーが動いているのを感じるようにしてください。マントラを使った知的作業におちいってしまうと、あなたは眠ってしまいます。ですから、マントラは生き生きしたものでなくてはなりません。生き生きとするために言葉が役に立つのでしたら、それをお勧めします。

正直に言いますと、一番役に立つのは自分の心のなかに入っていって、そこにある愛を感じることです。それは静かで微妙な感覚ですが、探せば探すほど、その姿を見せ始めます。自分で探すものを人は見つけます。それがだんだん温かくなってきて、エネルギーのスピードが増してくると、体が熱いと感じるまでになるかもしれません。慌てないでください。冷たいシャワーを浴びたりしなくても、大丈夫です。心配しないで、なるがままにしておいてください。それはそれに合った道を進みます。あなたのなかを上昇して出ていくのなら、出ていくがままにさせるのです。

あなたはエネルギーの発生器であり、愛は、なかでも非常に感じやすく、役に立つエネルギー域です。ほとんどの人は、怖れや疑惑、喪失、後悔、怒り、恨み、自己憐憫などを生みだすことに多くの時間を費やしています。これはあまりクリエイティブなやり方とは言えません。自分の妻や夫、子供、上司を変えたり、転職したりしようとする代わりに、自分のなかに愛の感覚を生みだすことを試みてください。あなたにもできます。やってみなければ、決してそれを経験することはできません。夢の王子様やお姫様があなたのところにやって来て、愛を生みだしてくれるまで待つつもりですか。すでに自分の人生に夢の王子様やお姫様が現れたのに、やはりうまくいってないという人が何人いるでしょうか。うまくいかなかったのは、彼らがあなたの外部に存在するのに対し、愛とは内部に存在するものだからです。

質問　私たちの本来の姿が愛だということは、これまで私たちは愛を経験しながらも、それをほ

かのものだと思ってきたということですか。

どういうことかと言いますと、人は愛を自然に感じるのですが、頭でそれを分析し、愛を感じる理由を見つけようとします。そのような気持ちを起こさせるものや人間が、自分の外部に存在するにちがいない、と人は信じています。こうして、人は他人に執着するようになるのです。恋愛においては、自分がこうした気持ちをいだく相手に執着します。その相手があなたの世界にいたときに、愛を感じたものだから、あなたはその人なしでは二度とそんな感情を味わえない、と思いこんでしまいます。そうする代わりに、その人に感謝して、また歩きつづけてください。自分の人生を築きつづけてください。自分がもっと愛に満ちた感覚を得たいからといって、他人に頼らないでください。それは、あなたが自分でしなければならないことなのです。

愛のエネルギーが存在するのは、すばらしい感覚です。恋愛や結婚のほとんどはそうやって始まります。人を有頂天にさせるすばらしい気持ちです。でも、それはどこへ行ってしまうのでしょうか。それがなくなるのは、自分のなかに愛の感覚を生みだしつづけるのを、相手の責任にしてしまったからです。そこで、相手に満足できなくなると、違う人を試します。そしてまた、あのすばらしい感覚を味わいますが、しばらくすると、またそれもなくなります。そしてまたもや、別の人を試すというわけです。あと何人と関係したら、これにうんざりするのでしょうか。

これは、あなたにどこかおかしいところがあるからではありません。自分のやるべきことを、他人にやってもらおうとするからです。あなたのやるべきこととは、愛のパワーをスタートさせ、持続させていくことです。そのことについて考えたり、悩んだりしないでください。あれこれ分析しないでください。とにかくそれを、ただ感じるのです。あなたの心のなかにそれは存在します。自分自身の存在そのもののなかにとどまって、そこにあるすばらしい感覚にそっと包まれてください。笑いたくなったり、泣きたくなったりすることもあります。ときには、その感覚があまりにもすばらしくて、ものも言えなくなってしまいます。

すべては、自分のなかから始まります。あなたが現在、誰も愛していないと言っているのではありません。私が言いたいのは、自分のなかの愛の感覚が持続するかどうかを、他人の責任にしてはいけないということです。それは自分の責任で、そのために必要なのはただ一つ、それを感じて生みだす決心です。

〝大いなる愛〟は、二つの物質的現象として現れます。一つは感覚であり、もう一つは、ちょっと意外かもしれませんが、香りです。深い瞑想をする人のなかには、バラの花やスミレや何か不思議な香りに包まれる経験をする人がいます。あるとき、そういう香りをかいだ女の人が、お香の匂いだと思って、家中を探しまわったという話があります。自然に生じた香りだとは信じられなかったわけです。偉大な覚醒者の多くは、体から芳香を放っていました。自己の内なる現実に深く目覚めると、それがやって来て、花の香りがします。エネルギーには実体があります。

人間には子供のようなところがあり、励ましがときには必要なので、私たちは贈り物を届けることにしています。香りはそんな贈り物の一つです。この世のものでないと思わせるような香りです。この贈り物を受け取った人は、大きな感謝の念をいだきます。まばゆい閃光、幻視、啓示体験、視界の変化などは、先へ進みつづけるように人間を励ますための、私たちからの贈り物です。どうか歩みつづけてください。

見えないものを求めることがどんなにむずかしいことか、見えないもののために生きることがどんなにむずかしいことか、私たちにはわかっています。ですから、あなた方を元気づけるために贈り物を送るのです。あなた方を勇気づけるために、ときには、私のような「おばけ」まで、話し相手に送ったりします。ですから、歩きつづけてください。立ち止まらないでください。

歩いていくなかで、勇気が生まれ、信念が生まれ、思考を超えた体験が生まれます。そうすると、もうほかの誰が何を言おうともあなたは引き返せません。あなた方に対する私たちの愛は永遠に存在します。このことを人々は忘れがちなので、ここでもう一度強調したいと思います。あなたが何をしようとも、何を言おうとも、どんな行動をとろうとも、いっさい関係ありません。私たちの愛は決して途絶えることなく、私たちの愛は常に存在し、決してあなた方を見捨てることはありません。

それを確認したければ、自分の内側に入り、そこに何か躍動しているものがあるかどうか、〝大いなる愛〟と呼ばれる感覚が味わえるかどうか、試してごらんなさい。必ず味わえます。どうか他人を愛そうとしないでください。自分自身の愛で生き生きとしてください。そうすれば、「相手」がたくさん現れます。それをおぼえておいてください。あなたはあなたを愛し、私は私を愛する。そうすれば、私たちはお互いを愛することになります。おもしろいことに、これはみんな同じことなのです。

質問　〝大いなる愛〟の存在を「実証」できますか。

人間は、自分の肉体や精神が、自分という存在の全体から見れば、ほんの小さな部分にすぎない、ということをなかなか理解できないようです。そこで、人間は自分の体験に限界を設けます。自分の中にある愛の動きをいったん感じ、それが川のようなものだと理解できると、そうした狭い考え方を捨てることは可能だと、わかり始めます。〝大いなる愛〟のパワーは、動きそのものです。ちょうど、あなたのなかを激流のごとく流れ、あなたを本質的に変え、そして流れ去っていく川のようなものです。**あなたが無から生じさせる物質ではありません。**

「愛のパワーは、肉体のバランスがとれているかどうかによるので、愛が流れるには体の浄化をおこなわなくてはならない」と、思っている人がいるようです。けっこうです。やりたいだけヨーガをやり、食事療法をし、自分の考えや感情を変えてください。どうぞおやりください。けれども、こうした修行をすべてやり終えないと、愛することができないと思っているのでしたら、あなたはいつまでたっても愛することはないでしょう。

なぜなら、ほかに変える必要のあることが常にでてきますから。腎臓を解毒しなくてはならないとか、肝臓を強化しないといけないとか、あれのためこれのために新種の健康食品を食べなくてはいけないとか、そういうことが常に出てきます。決して完全にバランスがとれることはないので、あなたはたえず何かを変えようとしつづけるでしょう。なかには、この物質界で愛することは不可能であり、死ぬまで待たなくてはならないとまで言う人がいます。これらはすべて限界を設ける考え方です。**あなたがしなくてはならないことなど、何もありません。**

これを変えなくてはとか、こうならなくては、ということは全くありません。今のままの自分に温かく寄り添うだけでいいのです。こうした考え方を科学は嫌い、理解できません。あなたの気づきのパワーそのものが増加し、このエネルギーを感じることによって生まれるパワーが大きくふくれあがり、ついには、それが動き始め、やがては洪水のようにあふれだします。

残念ながら、いわゆる精神世界のグループには、〝神なる光〟や〝神なる愛〟を感じるには、修行しつづけなければならないと思いこむ傾向があります。心のなかで〝大いなる愛〟を動かし始めるのに比べ、肉体を変えるのははるかにずっとむずかしいことです。どれだけの愛を感じるかは、肉体という道具の質とは関係ありません。

聖フランチェスコは、健康で強健な体をしていたでしょうか。全くその反対でした。彼は生きた残骸でした。ちゃんと眠らなかったし、食生活もメチャクチャでした。彼のホルモン分泌はバランスがとれていたと思いますか。腎臓はちゃんと機能していたと思いますか。ミネラルのバランスは完全だったでしょうか。あなた方は何を考えているのですか。あなた方のしていることは、するべきことを先へのばして待つための口実にすぎません。聖フランチェスコがしたことはたった一つ。それを朝から晩まで、夜中も実行しました。彼は、「神様、私を愛で満たしてください」と唱えつづけただけです。彼は、「あの人たちが私を愛するようにしてください」とは言いませんでした。ただ、「私に愛させてください」と祈りました。そして、その通りになったのです。

あなたの祈りも通じます。自分のオーラ（霊域）のバランスがとれていなくても、腎臓がきれいでなくてもいいのです。必要なのは、「愛したいのです。人が愛してくれるかどうかは、どうでもいいのです」と言うだけの謙虚さを持つことです。そうすると、それが始まり、だんだん大きくなり、なぜかわからず涙が出てくるようになります。

愛さない言い訳をしないでください。自分が愛さないのを、人のせいにしないでください。完全に愛に満ちるためにしなくてはならないことなど、ありません。そうなりたいという気持ちだけが必要なのです。そして、それがない人はいません。その気持ちがどれほど奥深く隠れていようとも、なくなってはいません。人間は、〝大いなる光〟への道は、〝大いなる愛〟を通してであることを生まれながらに知っています。人間は、何にもまして、神のふところという「故郷《ふるさと》」へ帰りたいと願っています。「故郷」へ帰るのは愛のつばさに乗ってです。これ以上、先へのばさないでください。

内なる気づきへ導く瞑想

一九八二年一月二十四日、ニューメキシコ州アルバカーキにて

質問　瞑想をするときに起きる不思議な現象について、話してくださいませんか。

そうした現象は多岐にわたり、内容も複雑なので、話すのにいくらかのためらいが感じられます。というのは、ここで話すような反応が自分に起きていなかったら、求道者として自分は失格だ、と感じる人が出るだろうという不安があるからです。まず断っておきたいのは、悟りや覚醒の兆候は、これから私が話すような現象として現れる必要はないということです。また、肉体そのものが深い瞑想に入りやすい人もいる、という事実を認める必要があります。精神的に大きな悩みにぶつかり、一瞬一瞬、自己をつきつめる努力をしていくなかで、何らかの現象が起きるということもあります。ですから、ここではこれらの現象をいかに自分に役立てるかという方向で、

お話しましょう。

肉体は、入ってくるエネルギーに反応を示すことがよくあります。自己の内なる真理を追究している人は、ほとんど感じられないほどですが、体が変化し始めます。深い瞑想を実践している人は、その副産物として、病気や体の不調が改善されていくのに気づきます。たとえ言葉の上だけでも、人間は流れ動くエネルギーだということを認めると、波のようにうねる様々なエネルギーに、自分が囲まれていることを理解できるようになります。ほとんどの場合、これを自分の目で見たり、耳で聞いたりすることはできませんが、たまに自分の体で感じることができます。

瞑想は多くの人にとって実に退屈なものですが、なぜする必要があるのでしょうか。もし瞑想がとても退屈だと思うのでしたら、しないでください。ただし、そうしたエネルギーが動きだすことができるような、ほかの方法を見つけてください。これにはたくさんのやり方があります。スピリチュアル・ダンスもその一つです。体の動きや音の洪水のなかに自分をゆだねることにより、たとえ短い時間であっても、古いものの見方を捨てる可能性が生まれるからです。

ほとんどの場合、人は自分の目ではなく、頭でものを見ています。頭で見ることが問題なのは、いつも同じ概念を通してものを見、そこから抜けでられないからです。自分を女として、母として、妻として、キャリアウーマンなどとして見るからです。自分をそういうものだと思っています。たとえば、子供に死なれるとか、夫や妻に去られるとかの人生の破局に直面すると、人は不安におそわれます。怖れがやって来るのは、自分の定義の一つがなくなったからです。もう妻ではないわけです。妻でないとしたら、あなたは誰なのでしょうか。頭とエゴはそのすき間をできるだけ早く埋めようとします。自分が誰か、自分でわからないと思わずにすむように、別の定義を与えようとします。

人生に問題が起きるたびに、人は自分に対する古い見方を捨てるチャンスを与えられますが、むしろ自己イメージを維持することに、人はエネルギーを注ぎます。人は自分のことを、「過去から連続した変わらぬ」人間だと思っています。しかし、それは違います。注意深く観察すると、そのことが見えてきます。人は、様々な役割をのりでつなぎ合わせた総合体のようなものではないのです。でも、他人に、特に自分が好きな人たちに自分をよく見せたいがために、自分をのりでつなぎ合わせようとします。自分の一部が破壊されたとき、たとえば、もう妻ではなくなったとき、あなたは何なのでしょうか。空っぽの空間ができ、それを「私は捨てられた女だ」という定義で埋めます。私が勧めるのは、自己像にそのような穴があいたとき、自分とは「誰」かという別の定義で埋めるのではなく、その部分をそのままの状態――私が「わからない」と呼んでいる状態のままにしておくことです。あなたの一部は、「自分が誰だかわからない」ということを認めるのです。あなたがこういう瞬間を生みだせばだすほど、このわからないという状態が増えることになります。このように外界に現れる現象を、観察することが大切です。

瞑想を始めると、自分のなかの異なる部分がひっきりなしに出たり、消えたりするのを見る機会を得ます。ある瞬間には自分をある見方で、次の瞬間には違う見方で見るというぐあいです。よく気をつけていると、何人もの人が見えてきますが、それが全部自分だとわかります。あなたは自分を色々な見方で見ています。それらの自己像のすべては、自分が死ぬまで存在しつづけるわけではなく、自分で変えられることに気づかせられます。こういう観察の初期には、あなたは自分が気に入っている自己像を捨てようとはしないで、嫌いなものだけ捨てるでしょう。ですから、今いるところから出発してください。嫌いな自分のイメージがあれば、それをどうか変えるようにしてください。**自分で創りだした自己像ですから、自分で変えられます。**自分のなかに大勢の人間をかかえこんで、人生を生きていく必要はありません。そういう自己像のどれ一人として、本当のあなたではないのですから。

瞑想をして、肉体がしだいに静かになっていくにつれ、自分のオーラのなかに、違うタイプのエネルギーが入ってくるようになります。このようなほかのタイプのエネルギーが、その人の肉体構造に作用し始めた瞬間から、様々な体験をするようになります。瞑想体験の一つはイメージを見ることです。イメージには二種類あり、一つはその人を幸せな気分にするもので、もう一つはこわがらせるものです。美しいイメージであれ、悪魔のイメージであれ、あらゆるイメージの裏には、その人の注意を引こうとしている何かがあります。たいていの場合、それはその人の自己像の一つで、まず自分の意識にのぼらせて、それから、それを捨てられるようにしているのです。たとえば、悪夢のようなこわいイメージや夢を見た場合、怖れの感情がおそいかかってきます。これは無意識下の悪夢で、表層意識にのぼらせる必要があるのです。このような場合、それがイメージであれ、夢であれ、ほとんどの人は逃げだします。

どうかそのイメージから逃げださないでください。目覚めへの道の一歩は、このような怖れを意識にのぼらせることです。それをよく見つめれば見つめるほど、自分に役立つものとなります。本質的に「邪悪な」イメージとか、夢とか悪夢とかはありません。何回もこわい夢をくり返し見るようでしたら、その人の〝大いなる自己〟が未解決の行動パターンに、その人の注意を向けようとしているのです。あなたはすでにいくつもの悪夢を体験しています。悪夢を見ても、ちゃんとそこから抜けでてきています。悪夢をいつまでも怖れて、そこから逃げだそうとする必要はありません。

瞑想を始めると、肉体が反応し始め、耳鳴りがしたり、体がびくっと動いたり、体中にエネルギーが入りすぎて、まるで感電したように感じたりするかもしれません。身の危険を感じて、やめたほうがいいのではないかと思うかもしれませんが、ここでやめるのではなく、エネルギーがやっとあなたの肉体と密接につながることができるようになった印だ、と受け取ってください。なるがままにしてください。耳鳴りがするからって、どうだというんですか。あなた方の聴く現代音楽とそんなに違いはないでしょう?

物事が違って見えたり、まわりが少しぼんやりしてきて、視界が前より広がったからといって、どうだというのでしょう。ちょっとこれを試してみてください。自分の近くにいる人の顔を見つめてください。両目のあいだ、少し上の部分をぼんやり見つめるのです。するとすべてが動き始めます。視界が変わり、相手の顔が変わり始めます。美しくなったり、醜くなったり、男になったり、女になったり、若くなったり、年寄りになったりします。様々な顔が現れては消えます。

このような意識を誰かほかの人に固定させて見つめると、「第三の目（透視眼）」のエネルギーが発揮され、自分と相手のエネルギーを混ぜることになると言われていますが、それは事実です。そして、今までとは違った体験が生まれます。相手と自分は過去世でどんな関係があったのだろうと考える代わりに、今世での関係のすばらしい面に今ダイヤルを合わせているのだとわかります。長いあいだ一緒に過してきた相手とは、それだけの年月を重ねているのですから、もっと固定したイメージを相手にいだいています。それも壊すことができます。このエネルギーを使い始めると、相手の「違う面」が見えるようになります。その人の顔や肉体に対していだいている固定したイメージの奥にあるものを感じ始めます。広大無辺なものを感じ始めます。「私は神秘である。人も神秘である。人間同士のあいだには何か神秘的なものが始終作用している」と言われる意味がわかってきます。

真性の精神異常と、霊性の成長やエネルギーによってもたらされた気づきの状態との違いは何なのでしょうか。超常体験をしたあとで、それをふり返り、その体験のさなかにエネルギーが増し、精神が高揚し、もっと真理を追究したいという興味と意欲が出てきたと思うのなら、すべては正しい方向に向かっています。その反対に、不安に押しつぶされそうになったり、全く頭が混乱してしまったり、もう元に戻れないという感じがしたりするなら、たぶん深い瞑想をするのはやめるべきです。しかし、おぼえておいてください。真理への道を歩むとき、いつかは常識を超えた体験をすることになるということを……。それに、結局はそれが目的なのです。そうでなかったら、なぜこんなことをわざわざする必要があるのでしょうか。

自分の世界が常に同じ状態で、同じように見え、同じような匂いがし、同じように感じることを望むのなら、いったいなぜこの世に生きているのですか。あなたは途方もなくすばらしい何かを探していますが、実際にそれがやって来ると、怖れも一緒にやって来ます。世の常識が、物事を連続した一定の状態で経験しない人は、気が狂っていると教えるからです。

私は、むしろ物事を連続した一定の状態で見るほうが、「狂っている」とあえて主張します。本当に注意深く観察すると、人はある瞬間幸せで、次の瞬間は怒っていて、その次には罪悪感を感じ、その次の瞬間には官能的で、その次にはお腹がすき、次には眠くなるというふうだとわかります。それでも、あなたはいつも同じだというのですか。幸せだったり、悲しかったり、気分がよかったり、沈んでいたり、不安に怯えたり、喜んだり……この様々に変化する不思議な自分の世界を見て、常に同じだとあなたは本気で主張するのですか。

ここで今までと違うことを試してみませんか。変わった考え方を採用して、自分はこうしたもののどれでもないと考えるのです。代わりに、自分とは、感覚や考えや感情が限りなく変化するのを観察する者だと考えるのです。自分というもののスクリーンの上に、これらのものすべてが現れては、消えるにまかせます。怖れが存在すれば、怖れがスクリーンに映り、喜びが存在すれば、喜びが映る。怒りがあれば、怒りが映る。こうした仕掛けのなかに取りこまれてしまうのをやめられれば、大きな自由が得られます。**これらの顔のどれもあなたではないからです。**人は、自分自身をのりでピッタリ貼り付けて、バラバラにならないようにすることが一番大事だと思っています。自分の様々なイメージを組み合わせて、のりづけしているときに、そのうちの一つがはがれ落ちたり、一つのイメージが自分を裏切ったりすると、どうなりますか。自分の全体像と矛盾がでてきて、それを敵にまわすことになります。自分のイメージは自分で創り上げたのですから、自分で変えられると気づきさえすれば、人は自由への道を歩みだします。

今晩、家に帰ったら、自分で決めつけている自分のイメージを紙に書き並べてみてください。自分はどんな人間であると思うのか、書きだしてください。「自分」と呼ぶものは、多面的な存在であることがわかります。そのリストを眺めると、自分という人間の完全なイメージを維持するために、様々な顔を維持する必要を感じていることが理解できます。

離婚経験者を例にとりましょう。その人の自己像は、自分は「失敗者」だというものです。そして既婚者としての自己像が、自分に敵対しつつあるのを発見します。今度は、今まで働いていた人が解雇されたとしましょう。ここでも失敗者だと感じます。ここでその人を攻撃しているのは、生活費がないことに対する不安ではなく、自分をはつらつと生きている成功者だと見なせないことです。自分が非力で傷つきやすい存在に思えます。失業などを通して自分の一部を失ったとき、一番辛いのはお金のことではありません。お金が減ってもやりくりできます。必ずできます。

では、なぜそんなにみじめに感じるのでしょうか。それは、成功した人間であるという自己像が、失敗者の自己像に取って代わられたからです。たとえ、よいものであれ悪いものであれ、このような自己像は、自分の人生のなかをさまよう影人形にすぎず、やりたいことをやって、おもしろがっているのだと理解できると、そのうちの一つが変わっても、それほどみじめに感じなくなります。

おもしろいことに、人間は自分がやっていることの九十九パーセントが成功していても、一パーセントが失敗すると、自分自身のすべてがダメであるかのように自分を責めます。そして、気分が沈み、不幸せに感じ、不安に怯えるのです。他人から見れば、その人の人生はそれほど悪く見えません。他人には多くのすばらしいことも見えます。けれども、その人は、否定的な自己像をすべてもちだし、自分が何たる失敗者か、他人に見えるように並べ立てるのです。

人生のすべての面で成功しなければならない、というふうに人生ゲームを設定していると、その人は失敗します。完全なる成功者には誰もなれません。勝ったり負けたりするのが、人生なのですから。自分の歩む道の一歩一歩が純粋で、正しくすばらしい黄金の道でなければならないと信じていると、その人は失敗します。失敗するのは外側の世界ではなく、内なる世界で失敗します。影人形にすぎない自己像の一つが、ちょっとでもグラグラし始めると、その人は不安におちいります。そういうときの自分のパターンを観察してください。

まず、自分の人生のうまくいっている部分を、すべて無視しなければなりません。うまくいっていない部分に、常に注意を向けるというパターンにおちいったときに、そうです、その人は失敗者になるのです。自分のなかの否定的な部分を長いあいだ見つめていると、やがて自分が探していた結果が現れます。このパターンから抜けだすには、一歩後ろに下がって、自分の心が、様々に変化する自己像を、くり返し創り上げるのを眺めることです。そうすると、このゲームの裏にあるトリックが見えてきます。

あなたは自分の心を使って、人生を創造しています。人生を創造しているのは自分の心だと気づくと、二つのことが起こります。一つは、一定の自己像の絶対支配から解放されます。二つめは、自分には選択肢があることを理解します。多くの人は自分自身に課した圧政のもとで人生を送っています。このような圧政が起こるのは、どんなに辛い体験も人生に起こる無数の出来事のうちの、たった一つにすぎないということを、理解しようとしないからです。みずから選んで、人は否定的な出来事を何度も何度も反芻し、それをますます大きくしています。ある出来事がその人の人生をどれほど支配するかは、その人がどれほどのエネルギーをそれに注ぎこむかで決まります。

たとえば、街角に二人の人が立っていたら、バスが通りすぎて、泥をはねかけたとします。二人とも同じ出来事を体験したのですから、同じ反応をすべきです。同じ反応をすると本当に思いますか。一人はすぐ忘れてしまいますが、もう一人はその後何日も、泥をはねたバスの運転手のことや、それがいかに頭にきたかということを友人にしゃべりまくります。同じ出来事で、違った反応をするのです。自分の自己像にがんじがらめになっている人のほとんどは、この腹を立てている人と同じことをしています。そういう人は、自分に対する否定的な見方を強化するために、エンジンをふかしているようなものです。その人はほんの一滴の毒から、水さしいっぱいの毒を創りだし、しかも、それを自分で飲んでいるのです。「泥」がふりかかった瞬間、選択肢が生まれます。自分のなかの否定的要素を捨てることもできますし、それを拡大することもできます。

瞑想を通して、私が言っていることは単なる言葉ではなく、真実であるとわかったなら、その人は自由への道を歩き始めたのです。自分には選択肢があることを理解するまで、決して自由になれません。深い瞑想に入ると、物事はやって来たり、去っていったりするものだということが、はっきりと理解できます。しがみつくこともできれば、こだわらないこともできます。**毎瞬毎瞬、心のなかの反応を通して、あなたは自分を創造しています。**人は自分自身の世界、自分の現実を創造している、とよく言われます。これはどういう意味でしょうか。心のなかを行きすぎる何百万という想念のなかから、あなたは自分がしがみつく想念を選ぶ、という意味です。

あなたが道を歩いていたとします。三人の人があなたにほほえみかけ、二人がしかめっ面をします。あなたはどちらに関心を払いますか。あなたがとても変わった服装をしているとします。あなたの服をすばらしいと思う人もいれば、気が変だと思う人もいます。あなたはどちらに注意を払いますか。

人は選択し、自分のイメージを築き、自分の世界を日々、想念ごとに、選択ごとに、創造しています。自分の世界をどう見るかは、自分で選んでいるわけで、それはあなたもわかっていることです。仕事を首になっても、たいして気にしない人もいれば、ピストルをもちだして自殺する人もいます。自分を解放するために最も大切なこの方法について、真剣に考えてほしいと思います。自分のイメージを日々選択し、解釈し、創造しているのは、ほかならぬ自分であることを理解するだけで、自分をがんじがらめにしているものから、簡単に自由になれます。**自分のイメージが気に入らなければ、変えたらいいのです。**人は自分のイメージをたえず変えています。問題は、それを無意識にやっていることです。

ある意味で、覚醒とは、自己像および自分の人生の出来事を創造しているのは自分である、ということに気づくことです。いったんそれがわかると、パワフルになります。人を恨みたくなかったら、別の感情を選んでください。恨みたかったら、そう選択してください。何を選ぶかは問題ではありません。大切なのは「自分で選ぶ」ことです。

これは精神世界の邪道かもしれませんが、ときには怒ることも愉快なことです。怒りを「選択」すれば、ちょっと楽しいかもしれませんし、必ずしも破壊的ではありません。けれども、無意識に怒りのほうへ動いていき、やがて爆発すると、あとで罪悪感や後悔や恨みの感情におそわれます。なぜなら、自分の半分は怒りたがっているのですが、あとの半分はそれを認めたがらないからです。ですから、自分の怒りを抑え、代わりにほほえむことが上手な人は、自分は「優しい人だ」という自己像を変えなくてすみます。そうできると、いろんな面で得をします。

こういうことは、あなたが毎日やっていることだということを理解してください。「きれいな」怒りと「汚い」怒りとのあいだには違いがあります。きれいな怒りとは、きちんと言いたいことを言って、それに全責任を負うことです。汚い怒りとは、相手のせいにして、相手の「欠点」を相手に投げつけることです。あなたはいつも自分で操縦管を握っているのに、それに気づいていませんん。「気づき」とは、すべての可能な想念に気づいており、自分には選択肢があると知っていることです。ですから、自分をみじめにするものを選ぶ代わりに、ほかのものを選んだらどうでしょう。人は毎日同じ料理を食べたりしません。気に入らなかったら、もっとおいしそうな別の料理を選びます。

ところが、自分の気に入らない感情の問題となると、人はそのように行動しません。ガールフレンドがほかの男の子と話しているのを見ると、イヤな気分になります。けれども、ほかの反応の仕方があり、ほかの選択肢があるのです。どこかに偉大な神様がいて、そんなとき、人は怒ったり、嫉妬したり、自分を憐れんだりすべきだと言っているわけではありません。その人は、自分自身を支配するパワーを放棄してしまっています。

選択することが自分の中心になるよう、しっかりと自分を立て直してください。そのために最も簡単で、最も早く、最もおもしろい方法は、**自分が考えていることに注意を向けることです。**心に浮かぶ顔、消えていく顔を観察してください。あなたの選択のなかには、小さな子供だった何十年も前に選ばれたものも含まれています。幼い子供にとって世の中はこわいところでした。今もあなたは、同じ怖れに反応しつづけています。今では身長百八十センチの大男で、大きな権力を持つ大会社の社長であっても、誰かに何かひどいことを言われると、怖れおののく小さな子供になってしまいます。そんな必要はないのです。過去に選んだことを、今も選ばなくていいのです。文字通り自分で自分の世界を創造しているのだと理解できたら、自分の可能性にワクワクすることでしょう。けれども、すすんでそのような可能性を見ようとしない限り、可能性は決して現実とはなりません。

ほかのことを選択するのは非常にむずかしい、とあなたは思っているでしょう。でも、それは可能なのです。ボーイフレンドが、自分よりもっと魅力的な女の子と話しているのを見たとします。この場合の否定的な選択肢はすべてわかっているので、肯定的な選択肢について考えてみてください。確かにあります。無限にある可能性のなかから、さらに別の選択をすることもできます。あなたがほかの選択を拒否するのは、まだ相手を変えることができると信じているからです。ボーイフレンドのところにいって、その魅力的な女の子と彼が話すと、自分はすごくイヤな気分になるので、話さないでくれと言ったら、彼はあなたの言う通りにしてくれるだろうと、まだ信じています。彼はそうするかもしれません。そうしたら、あなたは自分が勝ったと思うでしょう。けれども、自分の責任を放棄することによって、あなたは自分のパワーを捨てたのです。彼に変わることを求めたほかには、あなたは何もしなくてすみました。

自分の世界を外側から操作することで、自分を幸せにできるという考えに囚われている限り、あなたは変わりません。このように他人を自分の思い通りに動かそうとすることが、究極的には二人ともを牢に閉じこめてしまいます。今度は彼が、自分の気に入らないことをあなたにやめるように言う権利を得ました。借りがあるので、あなたはその要求を受け入れざるをえません。このように、人間関係であなたは常に取り引きをしています。最終的には、こうやって毎日お互いに限界を設けあい、お互いを平等に閉じこめ合っていることがわかります。現世でたった一つだけ学ぶとしたら、次のことを学んでください。**自分の幸せは自分の責任です**。人生で起こる出来事に対する自分の反応を変えることで、これを達成できます。

瞑想をすればするほど、気づきが深まり、瞬間から瞬間に生きるという経験をするようになります。肉体的にも精神的にも心眼的にも自分を変容させるパワーが、やって来るようになります。そのようなパワーを持つことで、自分で自分を変える能力にもっと自信が出てきます。だから、私はあなた方にくり返し何度も言うのです。自分を愛しているのなら、とぎすました意識のなかにいる方法を何か見つけてください。そのような意識の中心に自分をすえることで、人生の困難に出会ったときに頼りとなる力の基盤を、育てることができるからです。何もかもがうまくいかなくなり、ほかのことを選びたいと思ったときに、引きだせる貯金のようなものです。弱い人間というのは、自分自身の人生をコントロールできない人です。ですから、自分のパワーを築いてください。外界に左右されない自己を築いてください。内なる「自己」との調和を育ててください。自分のなかにパワーを育ててください。

そうすると、人生を変えることも、選択することもでき、今までとは違うことを選べます。体と心が変化し始めるにつれて、色々なことが起こります。あなたはコンクリートの塊《かたまり》ではありません。常に動いているエネルギー域のすばらしい集合体が、あなたです。これらが動き、変化するにつれ、あなたの世界観全体が変化し、人生の謎がだんだん解けてきます。すべては黙ってすわることから始まるのです！　そして、聴き、感じ、あるがままにし、経験すること——それだけです。

幸せへの最大の障害の一つは、まわりが自分をみじめにするという思いこみです。**あなたをみ**

じめにするのは、まわりに対するあなたの反応です。このことをできるだけ深く理解してください。自分で操縦席にすわってください。人々があなたを惑わせるのは、あなたに罪悪感を感じさせたいからです。あなたが罪悪感を感じていると、彼らのいいなりになるからです。しかし、残念なことに、他人の行動を変えることでは、決して満足は得られません。自分の幸せを生みだすのは、他人ではないのです。

質問　悟りを開いた人は意識的な選択をおこなっていますか。

完全に悟りを開いた人は、どんな選択もしません。どの道を選ぼうとも、何の違いもないと知っていますし、全くえり好みをしないからです。悟りを開いた人は、自分と選択肢とすべての出来事は一つであることを知っており、自分がどちらの側にいようが、どんな立場にいようが全く関心がありません。そのレベルまで来ると、選択のない人生と言えます。

ただ、そこに行く前にもう一つのレベルがあります。地球界で完全なる悟りを開くことは必要ではありません。多くの人が到達できるもう一つのレベルがあり、それについてお話したいと思います。自分は選択できるのだとわかったあとで、人がまず最初にすることは、自分の人生やものの見方やまわりの世界との内なる関係を改善するための選択をおこなうことです。

それは内なるパワーを築くことですから、すばらしいことです。その次の段階では、他人の利益になることを優先します。この段階は、精神世界の真に「偉大なる師」が達している領域で、弟子の「カルマ」や「病気」を自分で引き受けます。自分が苦しむことになるかもしれないと知りつつ、他人のためにみずからすすんで選択をおこなうときに達する奉仕の領域です。

エゴの視点から他人に得な選択をすることは、多くの人にとって奴隷的隷属を意味します。しかし、結果を十分意識しつつ〝大いなる自己〟の視点から選択する場合、その選択は、神にすべてをゆだねることを意味します。こうした意識レベルならば、多くの人が達成できます。あなたが、神の権化であるアバターのレベルまで到達できるとは言いません。けれども、自分で選択ができるのだと理解すれば、自分のための選択を始めることができます。やがて、ついにあなたは、他人のためになるような選択をおこなうようになります。

では、あなた自身についてはどうなのでしょうか。自分をすべてゆだねてしまう意識の領域では、言葉では言い尽くせない真の心の平安がおとずれます。それは、あなたが「神々しい」からではなく、次の瞬間には自分のための選択をしてもよいことを知っているからです。でも、あなたにとっては、そんなことはもうどちらでもいいのです。あなた方の多くはこのレベルに達することができます。このレベルの話をしたのは、あなた方を励ますためです。このようにして、真の奉仕者が生まれます。

奉仕をすると気分がいいからするのではありません。奉仕者としての選択肢があることを知り、自分の内側からそれに対する反応が自然に生まれ、それを選択し、そしてそれが実行されたという、それだけの話です。くり返しますが、あなた方の多くはそうした反応をすることができるのです。その方向に進めるように、このことをよく考えてください。その努力は必ず報われます。

聖フランチェスコからのメッセージ

一九八二年十二月十九日、ニューメキシコ州アルバカーキにて

一年のこの時期はキリストが地球界に現れたことを祝う季節ですが、クリストス（キリスト意識）について話す代わりに、「クリスチャン」と呼ばれる別の人間の話を取り上げたいと思います。その人のほうがあなた方のかかえるジレンマをよりよく映しだしていると思うからです。では、それは誰で、なぜその人なのでしょうか。

アッシジの聖フランチェスコと呼ばれるようになった人について、お話しします。キリストではなく、聖フランチェスコを選んだ理由は、これまで数ヶ月のあいだ、自分の考えが自分の現実をもたらすということについて学んできたからです。クリストス（あなた方の呼び方に従えばキリストですが）の場合は、自分の考えを変える必要はほとんどありませんでした。キリストは別の

意識レベル――そのような意識の変容をずっと以前に経験した意識レベルから、やって来ました。キリストが地球界で克服した考え方の問題はごくわずかで、あなた方のものと比較する対象にならないと思います。キリストの魂ははるかに進んだ意識だったので、「基礎工事」の必要がありませんでした。けれども、聖フランチェスコの場合、状況は全く違っていました。ですから、彼の人生は多くの人々に大きな希望を与えることができます。

これまで私たちは、広大無辺なパワーが人間のなかを常に流れており、それが外界に出ていって、その人のものの見方に従ってまわりの世界を創造している、ということを理解するために色々学んできました。そのパワーが、物質や現象として体現される前に、グリッド網と呼ばれる構造体を通過します。グリッド網はその人の考えの総体で、それを通して自分の世界を創り上げるのです。

聖フランチェスコの話をすることは、実際、あなた方の多くと非常に似ていた人について話すことです。彼はこの世で未処理の問題がありましたし、欲望や怒りや情欲、その他あなた方が自分を責めたてるあらゆる性癖を人一倍持っていました。同時に、あなた方と同じく、後年の彼のようになるための無限の可能性も秘めていました。あなた方すべてが、「聖フランチェスコ」になるべきだというのではありません。私の言う意味は、あなた方のなかにも、自分の信念構造を変え、神の存在を知るための可能性が同じようにあるということです。これが肝心なことです。

聖フランチェスコとあなた方との唯一の違いは、聖フランチェスコは神の存在を知るようになり、いつでも神と通じることができることを知っていたという点です。**彼は全身全霊でパワフルにそれを知っていました。**この可能性はあなたにもあります。そういう点であなたと彼は似ています。

若いときのフランチェスコは、あなた方と同じ情欲や金銭欲を持ち、あなた方と同じく酒や女や快楽や権力への欲望を持っていました。そして、自分が求めていた喜びが、そうした活動から思ったほど得られないと気づいたフランチェスコは、ますます激しく快楽的生き方に走りました。前よりたくさん酒を飲み始め、もっと多くのいわゆる「罪深い」おこないをし、自分の欲望を極限まで追求し始めました。けれども、このような過度の罪深い生活を通して、フランチェスコは人間の意識が克服しなければならない障害について、はっきり自覚するようになりました。

当時の彼はこんなふうに考えました。「私は欠陥の多い人間だから、善人になるなど不可能だ。それならば、『完璧な罪人』になろう。自分の欠陥を無限におし広げよう。その『完璧さ』のなかから、自分の人生に何らかの喜びと調和が見いだせるだろう」

けれども、最後には、これも自分が求めていたものを与えてくれないことがわかりました。そこで彼の心にはジレンマが生まれたのです。あなたの心にも同じようなジレンマが生まれることを望みます。いつも親切で、心優しき人間でいることはできないし、かといって欲望に身をまかせるのも幸せをもたらさない……。では、自分が求める心の平安や喜びを、どこで見つけられるのだろうか。フランチェスコは非常に有意義な道を選びました。べつに、これをあなた方に勧めているわけではありません。単に、例としてあげているだけです。

フランチェスコは、意識の深いレベルで、死の現実と対決することを決心しました。このことを私は確信しています。彼は非常に重い病気を選び、その病気でほとんど死にかけました。その病床で、心のなかの境界線が少しずつ崩れ始め、ついに高熱にうなされた状態のなかで、ある悟りを得ます。それまでの彼は、「善であること」と「神への愛」が同じであると思い込んでいました。けれども、その二つは同じではないとわかったのです。善人でなくとも、神を愛することはできます。非常に善い人でも、神への愛を全く持たない人もいます。フランチェスコがはっきりと理解したのは、**神への愛は、神を愛したいと思う気持ちによって決定される**ということです。それまでの自分の考えの誤りに気づいたこの瞬間は、彼の人生にとってこのうえもなく重要なものでした。

神を愛するのは、神を愛することによってであり、それ以外の何ものでもありません。それがわかったら、今度は高熱のなかで、ある問いがくり返し彼の頭に浮かびました。どうしたら神を愛することができるのだろうか。どうやって？

忘れてはならないのは、この人は中世ヨーロッパの教会制度のなかで育っており、また同時に、宗教が形式的な意味しか持たない社会で育っていることです。彼の友人たちもあまり信心深くありませんでした。母親は神を愛する必要を示してくれましたが、神への愛を実践してはいませんでした。

フランチェスコは、神を愛する道が見つけられなかったならば、自分は死を望む、とまで思いつめました。神を愛することなくして、生きていくことはできないと思うのに、どうしたら愛せるのかわかりませんでした。「愛したいけれども、どうして愛したらいいかわからない」というジレンマをはっきり自覚する――これは非常に望ましい意識の状態だと言えます。

何日も苦しみがつづきました。熱が上がり、不安が増し、イライラと絶望がつのりました。ついに、ある朝、まだあたりが静かで物音もせず、もうすぐ夜が明ける頃、窓の向こうで一羽の鳥が鳴きました……。そして、その鳴き声を、フランチェスコは今までとは全く違うように聴いたのです。その鳥の奏でる歌声のパワーによって、彼は悟ったのです。彼が悟ったのは、神を愛する方法――唯一の方法は、神の声を「すべてのなかに」聴くことだということです。

鳥の歌声に、死にゆく者の泣き声のなかに、狂人の叫びのなかに、らい病患者の絶望のなかに、恋人たちの抱擁のなかに……。**それこそが神を愛する道なのです。**これらの音と「神の声」を分かつものは何もない、全くない……これらの音こそが神の声そのものだ、ということをフランチェスコは悟りました。

それまでの彼は、神を創造の世界の外にあるもの、人生の奏でる音の外にあるもの、自分自身の外にあるものという、誤った考えをしていました。彼はこのあと、二度とこのことを忘れることはありませんでした。フランチェスコを「目覚めた者」と呼ぶなら、その「目覚め」は、彼がごく普通の人間だったということ、そして、そこから全く普通でない人間になったという事実に根ざしています。その瞬間から、フランチェスコは助けを求める声と〝大いなる源〟とを、別のものとして考えることはできなくなりました。〝大いなる源〟の実在を知ったからです。

フランチェスコについて誤った見解がいくつかあり、その一つは父親との関係に関するものです。フランチェスコと父親とは非常に仲が悪かったと言われています。けれども、フランチェスコが新しく目覚めたあとでは、すべての音は神の声だと彼は知っていましたから、父親が家を出ていけと言ったときも、父親の声の音を拒否することはできませんでした。フランチェスコは、「わかりました。次に進む道を示してくださって、ありがとうございました」と言いました。「なんだと？」ではなく、「わかりました」だったのです。そして、出ていったのです。

彼が孤独な人生を歩み始めた頃、「私の教会を建て直せ」と命令する声を聞いたフランチェスコは、それにはいくつかの次元の意味があることを理解しました。ただ、その命令のなかで唯一はっきりしていることは、教会の建物を建て直すことでした。そして、その作業を通して、何かほかの、つまり、違うレベルでの別の「教会」を建てることもできるだろう、ということを信頼することでした。フランチェスコは誰にも相談せず、法王の許可を得ることもせず、自分の眼前の仕事をすることにしました。

どうか、このことを自分の人生に照らして考えてください。**神が自分に何を望んでいるのか知りたいと思ったら、神に訊くことです。するとわかります。**それがわかったときには、どうか先にのばさないで、今自分が知っていることにもとづいて、今日ただちに行動を起こしてください。あなた方のなかで、今日何らかの「教会」を建てたり、建て直したりする作業を始められない人はいません。自分のなかに「修理」の必要な部分を持っていない人はいません。

今、目の前にあることをする代わりに、何かもっと人をアッと言わせるようなことができる日まで、待とうなどとしないでください。ここでの教えは単純です。あなたにとって何か建て直すべきものがあれば、「今ここで始めよ」というものです。たとえ、それがどんなにかっこうの悪いことでも、どんなにつまらないことでも、どんなにむずかしいことでも、です。自分にとっての「未完成の教会」が何かを知りたければ、とにかく尋ねることです。

こうして、フランチェスコは家を出て、それまでの自分を混乱におとし入れていた世界と自分との分離はもはや存在しないことを悟って、一人旅に出ます。**神はすべてのなかに存在する**という偉大な真理を悟っているフランチェスコは、多くの人にとって変わり者に見えました。彼は、「わが兄弟である風、わが兄弟である空」について語り、鳥や動物や虫など何にでも話しかけます。

多くの人は彼のことを気が変だと思いますが、彼の新しい哲学を理解すると、なぜそのようにすべてを人間のように扱うのか理解できます。風が吹き、陽光を肌に感じたとき、フランチェスコは神が彼をなでてくれていることを知っていました。神の息吹が彼の肌にかかっていることを知っていました。雨や泥は、神の存在そのものだということを知っていました。動物の鳴き声を聞いたとき、フランチェスコは神の一《いっ》なる声を聴いているのだと知っていました。これらと神とを分けへだてるものはありませんでした。絶対にどこにもありえないのです。彼がらい病患者を抱きしめたのは、勇気があったからではなく、自分とのあいだに何の違いもないと思ったからです。

フランチェスコに勇気があったのではありません。勇気を持つ「フランチェスコ」という存在自体がなかったのです。そこにあったのは、命の限りない現れとしての、神と神との出会いだけです。フランチェスコが、自分のしていることはむずかしいことではないと言ったとき、人々は彼を非常に謙虚な人間だと思いました。寒さが神だと知っていると、寒さに耐えるのはむずかしくありません。石が神だと知っていると、石に打たれるのはむずかしくありません。

彼は死ぬまで、「**すべては神だ**」ということを、心の奥底から理解して生きました。死や飢餓を怖れないフランチェスコは、何と勇気があることかと言う人に対し、フランチェスコはこう答えます。「死と私が一つだとしたら、なぜ死への怖れを持つことができるでしょうか」。こんなにも謙虚なフランチェスコを、徳が高い神々しい人間だと人々は思いました。けれども、彼はそれをすべて否定します。彼は自分を高徳だとも、謙虚だとも思いませんでした。**彼は自分をすべてであると同時に、無であると見なしたのです。**

初期のフランチェスコの話はこれぐらいにして、次に私が最も話したい話題に移りたいと思います。それはもちろん、フランチェスコの体に現れたといわれる聖痕（十字架にかけられたキリストの体の傷と類似した傷あと）についてです。**あなたの信念が現実を生みだします。**フランチェスコは、人生の多くの時間をただ一つのことを祈るために費やしました。彼の最愛の人の人生を完全に再体験できるように……と祈ったのです。彼の最愛の人とは、十字架にかけられたキリストでした。彼自身もキリストと同じように苦しまなくては、彼の人生は完全ではない、とフランチェスコは心のなかで思ったのです。聖痕を持つことは、肉体的な苦痛であるばかりでなく、真理の見えない精神的に混乱した社会において、非常に辛いことであることも知っていました。それにもかかわらず、彼は毎日祈りました。「私にもあの苦痛を味わわせてください」と。

もし彼が、ほかのものを求めて祈っていたら、聖痕は現れなかっただろうという点を理解してください。フランチェスコが聖痕を心から願ったのは、自分の「神々しさ」をまわりに示したいからではなく、自分の心とキリストの心が、最終的に一つになることを祈ったからです。

彼がほかのものを求めていたのなら、それが現実化したことでしょう。自分の意識を向けたものが現実化します。フランチェスコは信念の力がいかに物質界を支配するかという例です。考えてもみてください。あなたと何も違わない、普通の体を持った男が昼も夜も祈りつづけ、断食をし、泣き叫び、待ちつづけます。そして、とうとうある日、山の上で、聖痕と呼ばれるものが男の体に現れるのです。

〝大いなるエネルギー〟が、〝広大無辺なもの〟から山へと動いていき、それが近づいてきたとき、その男は〝大いなる光〟が体のなかに入ったら、もう自分は再び同じではありえないことを一点の疑いもなく確信するのです。しかも、男はその結果がどんなものであるかは全く知るよしもありません。気が狂うかもしれないし、目が見えなくなるかもしれない、耳が聞こえなくなるかもしれない、体が焼けただれて、二度と動けなくなるかもしれないのです。彼は、自分がおかしているリスクを知っていました。

ついに、〝大いなるパワー〟がやって来て、交信がなされました。〝大いなる声〟が、「私の心に完全に入る意思があるか」と尋ね、彼は「あります」と答えます。おぼえておいてもらいたいのは、そのとき、フランチェスコは、その瞬間すべてが根底から変容されうるのだということ――暗闇と苦痛、または、光と自由の世界に変容されうるのだ、ということを知っていたことです。それでも、彼は言います。「私はあなたのものです。あなたなしにはもう生きていけません。あなたのしたいようにしてください！」

まさに、この時点においてフランチェスコは勇気を示します。それ以前の出来事は勇気ではありません。これこそが「本当の」勇気です。というのは、フランチェスコはこの〝大いなるエネルギー〟のパワーを知っている唯一の人間だからです。長いあいだ、彼はこの〝エネルギー〟を感じてきました。最初はゆっくりと、やがて、だんだんにスピードを増してくるのを感じていました。そしてついに、この〝大いなるパワー〟の渦を見たとき、それが何でもできることを彼は知覚しました。パワーが体に入り、傷あとが創られました。

神は無目的には動きません。それなら、なぜ神はこの愛すべき者（彼は愛すべき者でした。あなたもそうです）に、死ぬまでこの血のしたたる傷をまとうように頼んだのでしょうか。その傷は非常な痛みをともなうものでした。特に彼の生きていた非衛生的な時代にあってはそうでした。では、なぜでしょう。昔も今もシンボルは同じです。人間は、自分とはこの肉体のことだと思っており、肉体は精神とは関係なく、それ自体で勝手に動くものだと信じています。そして、スピリチュアルな想念の持つパワーを信じていません。**自分がいつも考えていることが、自分が受け取るものだ**ということをフランチェスコは教えてくれます。

ですから、彼が聖痕を自分に呼び寄せる力があったのなら、あなたも自分の内なるパワーを使って、自分が求めている〝大いなる光〟を呼び寄せることが可能ではありませんか。フランチェスコが、細胞組織の重い物質エネルギーを変容させることができたのだったら、**あなたも自分の現実を創造することができる**のではありませんか。あなたの持っている力のうちで、最も強力なものの一つは、あなたの精神です。この点こそが、フランチェスコの話から学んでほしいことです。

フランチェスコの人生の外的な出来事を真似する必要はありません。けれども、自分が持っているのに使っていない、驚くべきパワーを理解することは大切です。この男に起こったことをじっくり考えてください。一人の普通の男が普通でない望みをいだいた……。あなただって、普通でない望みを持っているでしょう。その望みが何であれ、それが今あなたの人生に現れているのです。神を知りたいのでしたら、フランチェスコは非常によいお手本です。彼の道に従うこともできます。彼の道は心の内なる道です。彼が外の世界でしたことは重要ではありません。彼が内なる世界でしたことが、どこまでも大切です。そして、それはあなたにもできることです。神を知りたいと思えばできますが、それを普通でない激しい望みにしなくてはなりません。一つの方法は、自分が話している瞬間のすべてが、他人と話しているのではなく、神と話しているのだと知ることです。これは必要条件でしょうか。フランチェスコと同じように神を知りたいと思うのでしたら、たぶんそうです。

フランチェスコが鳥の歌声から学んだことが、何だったか思いだしてください。神はすべての人間、すべてのものを通して話される――これには町の人々も含まれていました。町の人々は、自分たちの優秀な息子がこの「ごろつき」のあとに従うので、けしからんと思っていました。フランチェスコは見映えのするなりをしていませんでした。実際、今日だったら表玄関どころか、裏口からも彼を入れない家庭が多いでしょう。彼はたぶん臭かったことでしょうし、わけのわからないことをしゃべっていました。彼の話すことを町の人々は理解できませんでした。神が、鳥や風を通して話しかけておられる、などと言う人を理解するのはむずかしいものです。ですから、将来の望みをたくした自分たちの息子が、この変わり者のあとに従って、笑ったり、祈ったり、歌ったり、しゃべったりし始めたのを見て、町の人々が怒ったからといって、それを誰が責められるでしょうか。

今日、フランチェスコがどれほど人々に愛されているとしても、当時の人々は決して彼を愛しませんでした。人々はフランチェスコを、自分たちの生活を脅かす者と見なしました。歴史にはあまり記録が残っていませんが、怒った家族が息子を取り戻そうとしていたので、フランチェスコの身には危険が迫っていました。「この変人フランチェスコは太陽にあたりすぎたんだ。息子よ、水をぶっかけて、少し頭を冷やせ。家に戻ってこい」。フランチェスコは自分の立場の危険性を悟り、ローマ法王に問題の解決を願いでようと思いました。自分の仲間たちの身の安全を心配したのです。

そこでフランチェスコは法王に会いに行きます。この旅に関しては様々な作り話が書き残されていますが、ただ一つ本当に起こったことがあります。フランチェスコが今でいうバチカン宮殿に入る前に、法王は不思議な夢を見始め、のちにフランチェスコとわかる、ある人物について不思議な感情をいだき始めました。なぜでしょうか。フランチェスコと法王をへだてるものはなく、フランチェスコは父なる神父に会いに行く途中でしたから、すべてのよき父親と同じく、法王は自分の息子がやって来るのがわかったのです。

あなた方がローマ法王に対して、どんなに批判的な考えを持っているとしても、歴代の法王たちは真の霊的な理解をある程度持っていました。霊的なものに関する当時の考えの主なものの一つは、「啓示の力」でした。その当時、人々は夢や啓示体験を求め、信頼しました。ですから、法王やまわりの人間もそうした啓示に耳を傾けました。そこではっきりしたことは、「誰かが願い事を持って現れる。それは自分の気に入るものではないが、無視するな」ということでした。それ以上はわかりませんでしたが、それで十分でした。あなた方に理解しておいてもらいたいのは、法王のまわりの人間の許可がなければ、フランチェスコが法王に面会することなど不可能であったということです。どんなに空想を豊かにしても、バチカン宮殿のなかにずかずかと入って、法王に面会を求め、法王のもとに案内される、などということは起こりえません。特にその当時はそうでした。

フランチェスコが現れたとき、法王はあることを理解しました。法王は、観察眼があり、目に見えるものだけではなく、人のエネルギーを観察する能力も持っていました。当時の法王はよく祈りました。しかも、長時間祈りました。現代の法王に比べ、仕事の量も少なく、形式主義的慣例も少なかったので、何倍も祈る時間がありました。人を観察する方法の一つは祈りを使うことです。この法王はバカではありませんでした。法王を型にはめて見ないでください。この法王は並み外れて祈りをよくした人で、法王という立場の責任を十分自覚していました。法王がフランチェスコとその弟子に面会したとき、彼は何かを感じとりました。法王が感じたのは、フランチェスコらの持つパワーであり、そのとき法王はフランチェスコが自分の夢に現れた男だと悟りました。そして、もちろん、法王はフランチェスコが気に入りませんでした。修道会を設立する許可願いが法王に提出されました。法王のまわりの人間はそれに反対でしたので、心のなかで法王は怖れを感じました。けれども、ここがこの法王の勇気あるところなのですが、法王は、「よろしい。神の片腕となることを許可する。私が許す」と言ったのです。

この決定の最も重要な点は、フランシスコ修道会の設立ではありません。それが重要なのは、この瞬間からフランチェスコは、自分の仲間の身の安全を心配しなくてもよくなったことです。これ以後フランチェスコは、自分の内なる祈りに完全にひたることができるようになります。彼は、自分自身のことは決して心配したことがありませんでした。あくまで、自分の仲間たちがおかれるかもしれない状況を心配したのです。フランチェスコは山の上で終わることになる旅を始めました。

こういうことが、いったいあなたとどういう関係があるのでしょうか。自分に不安を与えているものを、しっかりと見つめなさいということではないでしょうか。そして、それらが、〝大いなる自由〟へと向かうあなたの山への旅の障害となっていることに、気づいてもらいたいということです。自分の不安を生みだす部分に気づいたなら、そして、それについて悩むことは自分のためにならないということに気づいたなら、あなたはそのことを整理し、解決し、自分をわずらわせないための行動をとろうとするようになるかもしれません。そうするまでは、あなたの心のなかの不安に怯える部分が、いつまでも不安に動かされつづけるので、あなたの心は一つにならならないないでしょう。

ここでまた、フランチェスコに話を戻し、彼の晩年を見てみましょう。彼にとって聖痕は気恥ずかしいものですが、隠すことはできません。なるべく人に知られないようにするのですが、ニュースはまたたくまに広がり、みんなに知られてしまいます。彼が行くところはどこでも、どんな小さな村でも、人々が集まってきます。彼が神について話すのを聞くためではなく、彼の聖痕に触るためです。聖痕に引き寄せられてきた人々は、フランチェスコの話を聞きます。この頃のフランチェスコは、健康がすぐれませんでしたが、彼にとっては健康も病気も同じことで、気になりません。来る日も来る日も群集がやって来て、血のしたたる傷に触ります。

仲間の修道士たちは、フランチェスコが町の人々から隠れ、一人静かに静養し、もっと自分を大切にするように、ひっきりなしに懇願しつづけます。それは、フランチェスコにとっても心動かされる誘いでしたが、彼の答えはいつも同じでした。「神はこれを私だけのためにくださったのではない。人々と分かち合わないのだったら、何の意味もない」

あなた方も自分の人生をよく注意してみると、一人として贈り物をもらっていない人はいないことに気づくはずです。ただの一人もいません。自分がもらった贈り物を、自分だけの身の安全、生活の安定、快適さを維持するために使うのも、一つの選択です。けれども、自分の贈り物を——それが看護であれ、カウンセリングであれ、教えることであれ、絵を描くことであれ、子育てであれ、何であれ――どんなに自分にとって都合が悪くても、心からそれを他人と分かち合うたびに、あなたは神に触れます。まわりと分かち合えるようにと、贈り物が与えられたのです。自分に都合がいいときだけ、分かち合うのではありません。

贈り物を人と分かち合うことによって、自分の人生を自分のために生きるのではなく、人のために生きるのだ、ということをあなた方は知っているからです。人生の目的がわからない人は、このことをよく考えてください。人に奉仕することを学ぶまで、あなたの人生は何の価値もありません。自分のためだけに生きた人生は、決してあなたを幸せにはしません。

ついに、フランチェスコの臨終がやって来ます。仲間の修道士たちが悲しんだのは、たぶん本当でしょう。けれども、フランチェスコが悲しまなかったことは確かです。彼の死さえも、そこには教えがありました。死を目前にして、修道士たちは泣きむせび、長いあいだともに旅をしてきた者たちは、フランチェスコに死なないでくれと懇願しました。フランチェスコは彼らになぜかと尋ねます。

「愛しているからです。私たちはあなたを愛しています。あなたがいなくなると、寂しくてたまりません」。すると、彼はこう答えます。「あなた方はまだ学んでいないのですね」。修道士たちはびっくりして、それはどういう意味かと尋ねます。

「あなたたちにはわかっていると思っていました。**すべては一つです**。生も死もすべては一つです。わかっていると思っていました。神が風のなかにいるのなら、死のなかにもいないことはないでしょう。すべての空間が満たされているのなら、あなたが空っぽになることがいったいあるでしょうか。あなたがすべての一部なのなら、あなたが何かを失うなどということが、どうしてあるでしょうか。何かがあなたから奪われるなどということが、どうしてありえましょうか」と答えました。でも、修道士たちには理解できませんでした。

　フランチェスコが亡くなったあとで、修道士のなかで非常に親しかった者数人が、その意味を理解し始めました。木の下にすわって風の音を聞くと、彼らはフランチェスコを思いだし、風の音とフランチェスコは同じだと気づきました。すると、気が少し晴れました。外にすわって、暖かい陽射しを浴びると、彼らはフランチェスコの歌を思いだし、太陽とフランチェスコは同じだと気づきました。そして、気分がもう少し晴れました。病人の看護をするとき、彼らはフランチェスコがそこにいることを感じ、気分がよくなりました。

　こうしたことから、フランチェスコが死ぬことによって、最も深遠なる教えが果たされたと言えるかもしれません。その教えとは、自分の目が何を訴えようとも、自分の苦しみが何と訴えようとも、**あなたは決して自分の愛するものからへだてられることはない**、ということです。ただひたすらに愛してください。愛のなかにあっては、何ものもあなたから奪われることはないでしょう。

慰めるもの、聖霊

一九八五年十二月十五日、ニューメキシコ州アルバカーキにて

もうすぐやって来るクリスマスは、喜びとジレンマという相反する感情をあなた方にもたらす時期のようです。喜びは期待感から来るもので、ジレンマはその期待が実らないことによります。この期待とは、ある日、自分のなかにキリスト意識が生まれるだろうという予想です。それを楽しみにし、それに向かってあなたは進みます……。そして、新しく生まれ変わるべきその日に、実は何の変化も起きません。

そこで今日は、贈り物としてずっと昔にあなた方に授けられたものが、何であったかを思いださせてあげたいと思います。この贈り物が、美と神秘に満ちた人生のなかで、どのように体現されうるかを、これからお話しします。この贈り物のことを思いだして、自分は孤独ではない、自分が求めている新生はもうすでに起きたということを、確信していただくためです。

そのために、あなた方の古い友人で、イエスという名の人が二千年前に話したことを引用しましょう。自分が物質界をもうすぐ離れるのだと知って、イエスが親しい人々に語ったときのことです。イエスはその偉大な愛ゆえに、何かを残していきたいと思いました。彼は親しい友人たちに語りかけます。

『そして、私は父なる神に祈ろう。父なる神は、あなた方にもう一つの慰めとなるもの、聖霊を与えられ、あなた方とともに永遠におられるだろう。それは神理の霊であり、世の一般の人々は見ることがないので、受け取ることができず、また知ることもできない。しかし、神理の霊はあなた方とともにおり、あなた方のなかにいるので、あなた方はそれを知るだろう。私は、慰めるものを残さずしてあなた方を去ることはしない。私の名において父なる神が送られたこの慰めるもの、聖霊は、あなた方にすべてを教え、すべてを思いださせてくれるだろう。心をわずらわすなかれ。怖れるなかれ。私は常にあなた方とともにいるのだから』

こうした言葉に対して、あなた方には二つの選択肢があるように思えます。これを語った者が誰であれ、その人は傲慢の極地にあり、自分が話していることを自分でもわかっていないのだと思うか、またはその人はここで、父なる神と呼ばれるエネルギーと親密な関係を持っている——

そして、その人と神と呼ばれるエネルギーとのあいだで、何らかの交換がおこなわれることになっており、その交換を通して、何か永遠性のあるもの、何か完全に手に届くものが人間のために残される、ということを信じるかです。

そのとき以来、聖霊は常にあなた方とともにありました。それを理解するのがむずかしいのは、たぶんあなた方が次の二つの点で混乱しているからです。一つは、聖霊の感覚であり、もう一つは、日々の生活における悩みや苦しみやジレンマの存在です。多くの人々が、「何のために私たちは生きているのか」という率直な質問をします。それに対する答えはたくさんあります。そのなかから、聖霊のイメージにピッタリするものについて、ここで一つお話してみたいと思います。

誰かたった一人の人間が、子供と死に別れるといったような悲劇を経験したあとで、その嘆きの深淵からはいあがって、再び生き生きと生き始めるたびに、地球界における勇気の水準がそれまでよりも高められます。一人の人間が、肉体的苦痛を人格の気高さとユーモアで耐えしのぶ、そのたびに、この地球界の総合的パワーとすばらしさが増加されます。一人の人間が感情にまかせて怒る代わりに、相手を理解することを選ぶ、そのたびに、地球界が使えるパワーや勇気や知恵の総量を増やすことになります。

人は、人生の一日一日を、何らかのパワーを生みだすために生きており、そのパワーは決して小さなものではありません。それは、その人自身の人生をはるかに超えたところにまで伸び、太陽系全体に広がり、ほかの人間や存在が必要とするときに、勇気を与えます。それは、あらゆる人間や存在に自分というものが、もっと大きな存在だと感じさせてくれます。ある意味では、あなたの役目はできる限りの方法で、人間たちのパワーを高めることだと言えます。あなた方が日々の生活で成しとげるこうした勇気ある行為――小さな規模であれ、大きな規模であれ――それこそが生きている理由です。あなた方がここに生きているのは、何かよくわからない完璧さを達成するためではありません。

日々、あなたは人生のすばらしさとパワーを体現化し、気づきを高めるチャンスを与えられており、そうした努力の結果、地球界における総合的体験の波動を現在高めるだけでなく、未来の波動も高めることになります。人生の一日一日に目的があります。それは自分の家で、天使が舞い踊るなどというような奇跡的なことでは全くありません。それは、自分はパワー発生器であり、パワーを発生することによって、違いを生みだすことができる、ということを知ることです。自分が生みだした違いが、自分の基準に満たないときに、問題が起こります。

自分のなかにある怖れのために、真実を話せないとか、自己憐憫を克服できなくて、悲しく思うような場合がそうなのです。または、ある日のある瞬間、どうしても自分に課した高い精神的基準まで、のぼるだけのエネルギーがないということもあるでしょう。このようなときにこそ、今お話した贈り物のことを心の底から受け止めて、考えてほしいと思います。

多くの人にとって、聖霊とは知的概念にすぎません。言葉を聞いても、自分には関係がないと思ってしまいます。聖霊はそうした人になかなか達することができず、困っています。私の定義では、聖霊とは、想像もつかないほどの巨大なエネルギー源で、人間のエネルギー域とつながる電磁場を持っているものです。あなた方が肉体と呼ぶ物質機構のなかには、細胞のなかに電磁的磁石があり、私たちが聖霊のパワーと呼ぶ電磁場と連結します。**この電磁場を誘発するのは、あなたの意思です**。

テレビはたとえ故障していなくても、スイッチを入れない限り何も起きません。人は自分とテレビとの関係を明確に理解していますから、何も起きなくて当然だと思っています。そこで私があなた方に望むことは、テレビについてのすばらしい知恵のすべてを、もっと広い次元に応用し、「このすばらしい電磁流にスイッチを入れるのは、私の責任です」と宣言することです。すでに多くの人がこれを実行しており、その人たちには感謝しています。私が感謝するのは、あなた方に幸せであってほしいからだけでなく、誰かがそうするたびに、その人のまわりの人だけでなく、広範囲の人々をも助けることになるからです。

世の中に尽くしたいと願っている人がいますが、その人たちは、自分が何か非常に高尚なことをしなければならない、というイメージをいだいています。けれども、私が言う世界への奉仕者とは、日々の生活のなかで意識的にスイッチを入れ、電磁流がとぎれないようにする人のことです。

そして、聖霊とは何を意味するかを思いだせば、聖霊とつながることができ、その結果、自分のまわりのエネルギー場が異なったパワーを帯びることを知っている人です。そうなると、その人の人生は外側からではなく、内側から変化し始めます。

あなた方のなかには、どうしようもなく退屈している人がいます。パワーを増し、エネルギーを増せば、退屈は簡単に克服できます。ほとんどの場合、人は外の世界に出かけていって、エネルギーの関係を変えることでこれを達成します。つまり、仕事を変えたり、恋人を変えたり、車を変えたりします。それもけっこうです。けれども、それにはお金がかかることもあるので、もっと身近なところでできる方法を提案しましょう。

退屈しているときに人が本当に望んでいるのは、人生を今までと違うように感じたい、ダイナミックな意識を感じ、パワーの広がりを感じたい、生き生きと感じたいということです。自分のなかで命が力強く流れ動くのを感じる結果、そのとき何をしているかに関係なく、その感覚だけで充足感を感じる――そうありたいということです。それがつまり、聖霊を思いだすためのスイッチを入れるという意味です。最初はなかなかむずかしく、何も起こらないので、人はすぐあきらめてしまって、二度とスイッチを入れようとしません。キリストをはじめ多くの師は、「**根気よく努力すれば、聖霊を感じるようになる**」という点で同意見です。考えるのではなく、感じるのです、知るのです。聖霊が動き始め、あなたのなかに存在するようになります。その選択はいつもあなたにあります。違う次元の意識から来て、許可なくあなたの電磁場に押し入ることは、個人のプライバシーの侵害であり、許されないことだからです。

ですから、聖霊をこれまでの型にはまった物体として考えるのをやめて、エネルギーとして考えれば、人々がそれに対して持っている先入観にじゃまされずにすみます。形のあるものだと言ったら、そのとたん、問題が起きます。人間はみな形を持っており、形について人間が知っていることの一つは、形のあるものは自分を好きになったり、嫌いになったりするということです。つまり、相手に気に入られたり、嫌われたりするということです。自分を愛してくれたり、自分を捨てたりするということです。人間にとって形のあるものは、予測不可能なものです。ですから、「形」のあるものを考えるときに、一種の抵抗があなたのなかに生まれます。ただし、意識的におこなわれるわけではありません。

あなたの意識に浮かび上がってくるのは、形のあるものに失望させられた数々の思い出です。何度も傷つけられたために、心に壁ができています。ですから、私が聖霊について思いをめぐらせてくださいと言うときには、形を考えずに、ただそれを感じてください。山の上を流れ動く雲を眺めるときのように、何かはわからないが、何かが雲を動かしていることを認め、その動きをただ眺め、動きがあること、動かしていること、雲を引きちぎっていることを認めてください。まわりの世界がいかに自然に流れているかを見てください。自然はあなたの意識を最も直接的に反映する鏡として、あなたに語りかけてきます。

人間は、自然とともに生きるライフスタイルから、ずいぶんかけ離れた生き方をするようになりました。魂を激しく燃えたたせるものの一つに、まわりの自然すべてとの関係を知り、それを感じることがあります。毎日太陽が昇るのを見ることに、どんな意味があるのでしょうか。雲を眺め、それを動かす力を感じるとき、風が自分を運び、何か新しい形に作り上げているのを感じるとき、あなたの深層心理のなかにひそむ心象風景が浮かび上がってきます。このような出来事は、理性の届かない、あなたのなかの深い意識に語りかけてきます。

休みに旅行に出かけて楽しいのは、お酒を飲んだり、スキーをしたりしたからだと信じている人がいます。本当は、喜びが湧き上がってくるのは、自分と風がともにあり、雪がそこにあり、自然がそこにあるからで、それらのすべてが、地球界での転生の旅を始めたとき以来、意識の奥底にかかえてきた心のシンボルを、思いださせてくれるからです。**その瞬間を体中で感じることによって、〝大いなるパワー〟、〝大いなる愛〟、〝大いなる命〟――あなた方が神と呼ぶものを感じるからです。**こうした自然のシンボルは、あなたのなかに生きているので、それを思いださせてくれるものに接すると、自分の内なるパワーを自覚できるのです。海辺で太陽を浴び、小麦色に肌を焼いたから、思いだすのではなく、自分の肌の下に広がる砂の感触、潮騒、太陽の神秘などを感じることにより、それらのすべてと自分とのつながりを思いだすからです。

あなた方は非常に文明化しました。文明が発達する過程で生じる問題点の一つは、自然の否定ということです。文明と自然が分離される必要はありません。これら二つのすばらしい結婚も可能です。クリスマスの日の午後、もし憂鬱な気分になったなら、テレビの前から腰をあげて外に出て、生きるとはどういうことかを感じてみてください。心を開き、耳をすませ、匂いをかぎ、感覚をとぎすまし、元気いっぱいになり、他人のなかに入っていき、人と分かち合い、自分を与えてください。自分には生きる目的があり、**神は存在し、自分はこのままでよいのだ**、と感じさせてくれるイメージ……心のなかにひそむ、そうしたイメージを燃え上がらせてください。自分の心のなかのこうしたイメージを思いださせてくれる外界の刺激は、魂を目覚めさせ、その人の人生を変えてしまうことがあります。テレビの前にただすわっているだけでは、そうした変化は起きません。たとえ、あなたの応援するチームが勝ったとしても、です。

このように、あなたが自分の殻から抜けでて、自然の大きな腕のなかに飛びこんでいくことによって、あなたは聖霊の匂いをかぎ、その音を聴き、それを感じ、体験することができます。あなたがしなければならないのは、自分の心を開き、すべてを感じるようにすることだけです。苦しみで心がちぢこまっていると、感じることがなかなかできません。けれども、広々とした自然のなかに出ると、心の鎧《よろい》をぬいで、安心して感じることができるようになります。

どこか出かける場所を選んでください。ただ、その場合、「ありのままの自分をさらけだしても、大丈夫なことを確かめたうえでこの場所を選んだ。そのくらい私は自分を大切にしている」と自分に言えるだけの心づかいをして、行き先を選んでください。そうして、ありのままの自分でいるときに自分のなかを通りぬける感覚が、聖霊であることを自覚してください。聖霊はエネルギーの渦で、感じたいと強く思った瞬間、現れます。聖霊のことを思いだし、強く感じたいと願えば、聖霊とあなたが合流するための一連の動きが作動します。寂しくなったり、不安になったり、元気づけてくれるものが欲しくなったら、聖霊のことを考えてください。そうすると、電磁波であなたは聖霊と連結できます。

目には見えない、物質を超えた世界とつながるスイッチは、自分自身なのだとわかると、人生の悩みや苦しみや悲しみから解放される糸口となります。人間は、肉体の感覚によって生かされているのではないのに、人は、それらの感覚器官から送られてくるデータによって生きていると思いこんでいます。ほんの少しのあいだだけでも、どうか自分自身を新しい視点で見てください。人間とは、すばらしく美しいパワーを持った宇宙意識の一つであり、宇宙のあらゆるものを生んだ〝大いなる源〟を「決して離れたことのない」存在であることを、わかってください。

あなた方は、人間意識として物質界に現れることを、〝大いなる源〟と一緒に選んだのです。そして、そのときの〝大いなる源〟との接点を、その後一度も離れたことはありません。その接点は常にあなた方とともにあります。その接点は失われてもいませんし、隠れてもいません。その接点は、意識的に作動させられなければならないだけです。つまり、自分の内奥に意識を向け、聖霊を感じることに責任を持つということです。あなた方が聖霊を生みだすことはできません。それはもうすでに存在しています。

聖霊があなた方にすべてのことを教えてくれるだろう、とイエスは言いました。その教えは常に授けられています。あなたの内側でも外側でも、それは常になされています。残念ながら、ほとんどの場合、あなたはその教えを正しい周波数で聴いていません。けれども、人間はテレビでもなく、ラジオでもないので、異なる周波数で流れる情報を受け取り、肉体のなかで同時に吸収する能力を持っています。

多くの人が肉体というものを軽蔑していますが、あなた方の肉体は、入ってくる情報を聴き、受け取り、混ぜ合わせるというすばらしい能力をそなえています。本屋で本を選ぶときと同じく正確に、あなたは自分が何を経験するのか選択しています。本を選ぶときは、きちんと意識して選んでいるはずです。それと同じように、はっきりと意識して、各瞬間ごとの内なる選択をおこなってください。苦悩のさなかにあるときには、立ち止まってこう言うのです。「聖霊の持つ信じられないほどの心の平安を、**今**、感じさせてください」。不安を感じたら、「聖霊の持つ平和を、**今**、感じさせてください」と静かに言うのです。そう望むことが引き金となります。

多くの人が、人生のある時期、一人で生きることを選びます。それまでの経験から学ぶべきことを学んで、それを最大限に生かすことを選ぶ人もいれば、なぜそうなったか、どうしたら孤独から抜けでられるかと悩み、不満をもらすことに多くの時間を費やす人もいます。他人と深く変わらぬ愛情関係を持つのがあなたの運命ならば、いずれその相手は現れます。

たとえ、あなたが僧院の奥深くに隠れていようとも、誰かがドアをノックし、あなたはドアを開ける必要を感じ、その相手との関係が生まれます。その反対に、あなたの人生において今この時期に学ぶべきことが、自分をはぐくみ、満足させ、力づける感覚を自分の肉体のなかに生みだす方法を自力で発見することであったなら、一人で生きることになります。自分の人生に起こることには、何らかの意味と目的があることをどうか「信じて」ください。自分自身の人生のパワーを信頼しない人は、「自分は運が悪い。何かが間違ってしまった。何かが狂ってしまった。誰かがじゃました。自分はこのみじめな人生から抜けだせない」と感じてしまいます。けれども、あなたの人生に起こることはすべて、あなた自身の書いた設計図通りにちゃんと起こっているのです。

前にも言ったように、あなたがこの地球界に転生してくるときには、自分の運命がどのように展開していくのかという設計図を持って生まれてきています。その設計図は膨大な内容を持ち、変更可能であり、直接知ることができるという性質を持っています。たとえば、あなたが中国へ旅行しようと思ったら、少なくとも、どうやってそこへ行ったらいいか調べ、どこに行きたいか決め、旅行に必要な物をもっていくでしょう。それなら、地球界に転生して冒険旅行をしようというときに、同じように準備をするだけの知恵を、自分たちは持っていて当然だとは思いませんか。自分には物質界で得られる知恵しかない、と心から信じているのですか。

叡智は時間や空間や肉体に関係なく作用しています。人間は自分がどこへ行くのか、どんな体験をするのかをあらかじめ知ることなく、四十年、五十年、あるいは八十年も地球界で過ごすことを選んだりはしない、ということを信じてください。もしこういったことを論理的に認めるのであれば、広大な意識と制約に満ちた肉体を持つ人間が、地球界での人生を、自分の全体性を取り戻すためだけではなく、地球という惑星の全体性を取り戻すために使うということも、当然考えられるのではないでしょうか。

あなたの人生の本質的な部分では偶然はありません。どんな車を買うかなどというたぐいのことではなく、地球界に転生する前に、自分でバランスと調和と優雅さをもってデザインした、人生を方向づけるような大きな出来事のことを言っているのです。自分で計画したのであれば、あなたの人生に役に立つはずですし、どんな意味であれ、あなたを強くしてくれるものであるはずです。そうした可能性に心を開くことが、内なるヴィジョンを生みだします。それが何であれ、あなたの人生にとって意味のありそうな出来事が、心の目を開いてくれます。**内なるヴィジョンが勇気を与えてくれます。**自分の計画が賢明であったこと、計画したことが何であれ、それを実行することは意味がある、と認める勇気を与えてくれます。あなたの内なる目が、ほかの何よりもあなたを導いてくれます。人生の一日一日に絶対的な意味と目的があることを確信させてくれます。

どの日にも目的があることを忘れると、絶望したり、憂鬱になったりします。自分にパワーを与えてくれ、真理の道へ向かわせるもの――愛、ユーモア、内なる目、すべてを受け入れること、勇気、自己規律、叡智などを自分の生活に生かせば生かすほど、自分のなかに強力なエネルギー域を築くことになり、翌日にはもっと勇気を持てるようになります。そうすることによって、自分のまわりに電磁流が生まれ、その影響で、まわりの人も以前より大胆で、勇気ある行動をとりやすくなります。そして、その人たちが、今度は、その人たちのまわりの人の人生に影響を与えるようになります。こういう生き方を選ぶと、自分の人生のあらゆるものが変わり始めます。こうして、その人の意識がますます高められていきます。

これまで多くの師が、それぞれの理論や修行法を教えてきましたが、それは、どれか一つがほかの方法より神聖だからということではなく、何とかしてあなた方が真理を思いだすよう、あの手この手を使ったということにすぎません。そんなに色々な方法があるというのはおかしいと思いませんか。でも、それら流派の違いの下に横たわるのは、あなたとあなたの求めているものとのあいだに電流が流れるように、スイッチを入れることを思いだしてほしいという願いなのです。

あなたを支えてくれる愛に満ちたエネルギーは、いつもあなたのまわりに存在してきました。あなたが深い絶望のさなかにあって泣き叫んでいるときでさえ、あなたが求めているものは、あなたのまわりにあります。けれども、人はそれをつかむ代わりに、まさにその瞬間、すべての動きを止めてしまいます。肉体も感情も、すべてが凍りついてしまいます。これ以上の苦しみには耐えられないと怖れて、身動きしません。もうよくなった、痛みがなくなったというときは、その人の心がリラックスし始めたということです。凍りついているときには、触れることのできなかった内なるイメージが、しだいにゆっくりと溶けて、姿を現してきます。それらのイメージが心の奥深くで、「安心していいよ。人生を信頼してもいいんだよ」と語りかけます。

そうすると、少しずつ、日毎にときには年毎に、人生に対する信頼がよみがえってきます。人生の全過程を信頼してもいいのだ、と思わせてくれるイメージが、あなたの意識の奥深くに埋めこまれています。ですから、大きな悩みにぶつかった人やこれからぶつかる人は、おぼえていてください。あなたはまず凍りついたようになり、それから、少しずつゆっくり溶け始めます。自分の内なるイメージを受け入れられるようになるにしたがって、それらが姿を現してきます。

愛する人が苦しんでいるときには、その人を自分の温かさと思いやりの気持ちのなかに包みこんであげてください。そうすると解凍が早くなります。言葉は何の助けにもなりません。エネルギーだけが唯一の贈り物であり、誰でもが受け取ることのできる贈り物です。苦しんでいる人にあなたのエネルギーを与え、その人が自分の凍った態度を溶かすのに、使えるようにしてあげてください。願望さえ強ければ、自分のまわりに常にある〝大いなる命〟、特に聖霊との深くて親密な関係を持てない人はいません。

なぜあなた方に聖霊のことを考えてほしいかというと、聖霊は特定の任務を持っているからです。あなたが人生に特定の目的を持っているのと同じように、このエネルギーの渦も特定のはっきりした目的を持っています。ですから、あなたが聖霊の持つ任務を果たすように願えば、あなたと聖霊との共同作業が一瞬にして可能になります。そして、人生のあらゆる意識された瞬間において、このエネルギーとつながる方法があり、それを達成した人が目覚めた者と呼ばれます。彼らは光のスイッチを入れた者です。目覚めた者とあなたとの唯一の違いは、目覚めた者は、自分の人生を直接的に高めてくれるエネルギーの渦が、本当にあると信じたという点です。そして、それに賭けたのです。とにかくそれに賭けないと、誰も悟りを開くことはできません。証明されるまで待っていると、いつまでも待つことになります。とにかくやってみなければ、始まりません。リスクをおかしてください。

「では、一年間、毎日できるだけ多くの時間、このことを「おぼえている」努力をしたら、何が起こるでしょうか。これはまさに神をおもしろがらせるたぐいの質問です。つまり、それが真実かどうかチャレンジする――というわけです。私がウソを言っているとしたらどうしますか。その可能性もあります。聖霊の存在を証明するものが、あなたの人生に起これぱいいと、私も思います。あなたがリスクをおかして実行すれば、それが起きるのですが……。人は、リスクをおかす勇気を得るために、本をたくさん読みます。けれども、何百冊という本を読みながら、いざそれを実行に移すときが来ると、〝大いなる光〟への道があまりにもありすぎて、どうしていいかわからなくなってしまうのが実情です。

もっと簡単な方法を試してみてください。自分の心の奥深くに静かに入っていき、自分は愛と平和とパワーを感じる用意ができた、リスクをおかす心の準備ができたと認めるのです。何もないとしたらどうなるか……と考えると、リスクは大きいと言えます。そこにあるのは、ただエゴがエゴの反応のなかを動きまわっているだけだとしたら、原初から未来永劫までそれだけだとしたら、どうしましょう？　そして、最後に行き着くリスクは、現在のあなたが経験しているものよりすばらしいものは、何も存在しないという可能性に直面する勇気があるかどうか……ということです。

あなた方が神と呼ぶパワーが実際に存在し、それがあなたのところにやって来て、あなたを教え、あなたを導き、あなたを愛し、あなたを抱きしめてくれるというのは、全く疑いもない事実です。**そうしたパワーは実在します。あなただって、それが本当だともう知っているはずです。**そうでなければ、こんな話を聞くことに、みすみす貴重な時間を費やしたりしないはずです。あなた方は、飛びこみ台の端まで走ってきながら、そこでためらっている飛びこみ選手のようなものです。飛びこみ選手は、水が確かに下にあり、自分が飛びこめることも知っているのですが、ただ、ちょうどよいタイミングを待っているのです。それと同じように、あなた方は、日曜日にここに来て私の話を聞き、それぞれ家へ帰って、自分の日常生活に戻るということをくり返し、そしてある日ある瞬間、ついに自分のなかの必要なエネルギーがすべて集まり、飛びこむのです。ですから、あなた方が自分のときが来るのを待っているあいだ、私もみなさんと一緒に「ブラブラ」していましょう。

そこで、今度は私の側から、〝大いなる光〟についての真実を語りたいと思いますので、どうかよく聞いてください。あなた方は、「この地球界は宇宙でいえば、幼稚園のようなもので、人間は子供のようなものである。そして人間は、宇宙のほかの存在ほど広大な力を持ったものではない」と教えられてきました。そこで、ここでは私自身の見解を話したいと思います。

人間は、創造された宇宙のなかで、最もむずかしい任務を引き受けました。その任務とは、創造された宇宙のなかで、最も重くて暗いエネルギーに満ちている惑星の上で、あなた方が神と呼ぶ最も軽くて、最もつかみどころのないエネルギーの渦を感じることです。私から見ると、これはとても「勇気のいること」です。神は、創造された宇宙のすべての部分で、感じられるようにしなければなりません。ですから、人間の姿を選び、地球の重くて暗いエネルギーのなかで、勇敢に悟りの境地をめざし、つかみどころのない〝大いなるパワー〟を直接感じようとすることは、本当に賞賛に値します。

あなた方が地球界で試みているこのような実験に対して、言い訳をする必要はありません。あなた方の任務ははっきりしています。地球界に来たとき、あなた方にはそれがわかっていました。この地球の暗くて重いエネルギーのなかで、神なるエネルギーをあなたが感じると、あなたはそのまわりのパワーを高めることになります。地球は進化の過程にあり、誰かが神とつながり、そのパワーを感じるたびに、その分だけ、ほかの人間や存在が同じ経験をする可能性を増やすことになります。真実のところ、これはこの創造宇宙のなかでも最も勇気のいる実験で、あなた方はそれを実行しているのだ、ということを正しく評価してほしいと思います。

神なるものは、創造された宇宙のすべての部分で感じられなくてはならず、それを感じることが、あなた方のやるべきことです。そして私は、あなた方の努力に感謝したいと思います。なぜなら私は、自分の意識のおよぶ範囲内で色々な世界へ旅をしていて、ほかの様々な世界で、それぞれの存在が努力をしているのを見る機会があるのですが、地球界ほど勇気を必要とする世界を、私はほかに知りません。地球界において、神なるパワーがこういう形で表現されていることは、創造された宇宙のすべてで高く評価されています。

ですから、地球界での任務はとてもむずかしく、それに挑戦しているあなた方の努力は評価されているのだ、ということを忘れないでください。あなた方が安易な任務を選ばなかったことに、心から敬意を表します。あなた方の努力は実っています。**うまくいっています**。それを知っておいてください。あなた方に感謝します。みなさん、今日はどうもありがとう。

英語版編集者あとがき

『バーソロミュー』の改訂は、初版を訂正したり、改良することが目的ではなく、初版の内容をより明確にし、新たな章を加えることでした。私たちがバーソロミューと呼ぶようになったエネルギーは、私たちの意識の拡大を助けてくれ、それにつれて、バーソロミューの言葉を理解する私たちの能力も増してきました。本書の初版が編集されたときに私たちが体験した理解と今の理解は異なり、そのあいだに私たち自身も成長しました。私たちの理解が増しただけ、バーソロミューが語った言葉と、私たちが文にした言葉とのあいだのギャップが少しでも埋まることを祈っています。

この本の編集作業は大変むずかしくはありましたが、同時に多くを得たことも事実です。最初の方針として、内容をなるべく変えないということがありましたが、作業をすすめるにつれて、私たちがバーソロミューの話の内容を理解できたのは、バーソロミューを目の前にしていたことが、大いに関係しているということがわかってきました。話を耳で聞いているときには、私たちはバーソロミューとのつながりを直接感じることができ、それが言葉のギャップを容易に埋めたために、彼が何を話しているのか「ただちにわかり」ました。しかし、それを文にした場合にはそういうわけにはいきません。そこで、編集の主な作業は、バーソロミューに直接確認しながら、内容が一貫した意味をもって流れるように、言葉のすきまを埋めていくことでした。しかも、彼の語り口の味わいやリズムを失うことなく、それを達成するということだったのです。

この本の真の目的は、できるだけ多くの人に、バーソロミューの愛と叡智に接する機会を持っていただくことにあります。彼の教えは万人向けではありません。しかし、彼の教えに惹きつけられる人々に対しては、自分とは何者かを知るための洞察を与えてくれ、自分や他人やまわりの世界との関係を許しの心をもって、正直に明確に見るように励ましてくれます。バーソロミューは一時的に私たちの人生に現れ（訳者注：一九九五年でバーソロミューとの交信は終了）、〝大いなる愛〟をもって私たちとともに歩いてくれています。私たちに代わって人生の悩みを解決したり、私たちの人生を幸せな夢の世界に変えるためにではありません。

人生の悩みにぶつかったときこそ、自分がまわりの世界から孤立した存在である、という幻影を捨てる絶好の機会なのだということを、バーソロミューは何度も執拗なまでに私たちに思いださせてくれます。彼はできるだけ多くの方法で、彼の真理を説明しようとします。そうすることによって、そのうちのどれかが、私たちの求めている「理解」のひらめきをもたらしてくれるように。

バーソロミューは限りない忍耐と慈悲の心を持っており、私たちや自分自身に対する彼の愛は無限です。人間が〝大いなる自由〟を見つけられるように、バーソロミューは道を示し、私たちの勇気と希望を湧きたたせてくれます。

英語版編集者　ジョイ・フランクリン

訳者あとがき

バーソロミューとは、一九七七年から一九九五年までの十八年間にわたって、アメリカ人女性メアリーマーガレット・ムーアさんを通して、見えない世界から人間の覚醒を助けるために通信してきた完全覚醒意識に便宜上つけられた名前です。こうした高次元からのメッセージを受け取ることはチャネリングと呼ばれています。

バーソロミューは米国ニューメキシコ州で毎月公開チャネリングをおこないましたが、一九七九年から同八十五年までの公開チャネリングの内容からいくつか選んで編集されたのが、本書です。本書はもともとマホロバアート社から一九九三年に発行されたのですが、数年前に絶版になりました。それが、読者の要望に応え、このたびナチュラルスピリット社から再発刊されることになり、うれしく思っています。

こうしたチャネリングの本は日本でもすでに多く出版されていますが、どういうレベルのどういうタイプの存在が通信してくるのか、また受け手であるチャネルの性格や魂としての経歴などにより、メッセージの内容も強調点も異なるようです。メアリーマーガレット・ムーアさんがインドのラマナ・マハルシの教えや禅などに造詣が深く、長年にわたって意識の覚醒を探求してきたからだと思いますが、バーソロミューのメッセージには東洋思想や禅のエネルギーも感じられます。もちろんアメリカ人を対象に語られたので、キリスト教の概念やキリストへの言及も多く見られます。けれども、バーソロミューにとっては、キリストもお釈迦様も物質界で魂の永遠性を悟った覚醒者の一人にすぎません。キリストのことを「あなた方の古い友人」と言っていることからも、それはわかります。

そして、私たちも覚醒に必要なものはすでに持っているのだ、ただそれに気づかねばならないだけだと説きます。バーソロミューは高い次元の覚醒意識ですが、それでも人間たちの兄弟であって、対等の存在だといいます。けっして高いところから人間を見下ろしているわけではありません。自分自身も人間として転生した過去があり、人間の持つ様々な感情や迷い、物質界での困難に対する深い理解を示します。そして二元性の地球での転生をみずから選んで、魂の進化をはかろうとしている人間にたいする賞賛の気持ちを表明し、応援してくれます。

本書の英語の原題は、“I Come As A Brother”で、「我、兄弟として来たり」という意味です。英語のブラザーという言葉からは兄なのか弟なのかは判断できず、対等の兄弟となります。たまたま自分も同じような体験をし、いくつか学んだことがあるから、それを愛する兄弟とシェアしたいというニュアンスです。バーソロミューには男性エネルギーが感じられますので、シスターではなく、ブラザーとなったのでしょう。

本書の再刊にあたり、翻訳をすべて見直しました。数箇所の誤訳を訂正し、日本語の表現をよりわかりやすいものにするように努めました。この作業にあたっては、編集を担当してくださった高木悠鼓さんに大変お世話になりました。バーソロミューを深く愛し、理解する高木さんの貴重なアドバイスに感謝いたします。また、バーソロミューのメッセージを再び日本の読者のみなさまにお届けするのを可能にしてくださったナチュラルスピリット社の今井博央希社長に、心より感謝いたします。

最後に、バーソロミューのメッセージが読者のみなさまを勇気づけ、温かく励ましてくれることを祈っています。

二〇一二年十月　　米国ワシントン州シアトル郊外にて

ヒューイ陽子

■チャネル

メアリーマーガレット・ムーア（Mary-Margaret Moore）

メアリーマーガレット・ムーアはハワイ諸島で育ち、幼い頃からハワイの様々な宗教の異なる概念に触れました。9歳のときのある体験により、自分が見聞しているすべての宗教の中心には、真理を発見する道があることを知ります。それは簡単に言うと、どんな人生を歩んだ人であれ、すべての人はその道を知るパワーにアクセスできるということです。例外なしに、です。以来、彼女は、内在する聖なるパワーとの結びつきに気づくためのあらゆる方法を学んできました。1977年に、バーソロミューとして知られるエネルギーが彼女の人生に入ってきて、以後18年間ともに仕事をしましたが、その教えは1995年に終了しました。教えが終わった理由として、バーソロミューは、自分の内なる存在を発見するために必要な情報はすべて与えたからだ、と説明しています。ですから、それを使うかどうかは私たちしだいです。本書がバーソロミューの最初の本で、それ以外にバーソロミューの本として、「バーソロミュー 2」（マホロバアート）、「バーソロミュー 3」（マホロバアート）、「バーソロミューの旅日記上・下」（マホロバアート）、『From The Heart Of A Gentle Brother』があります。現在、メアリーマーガレット・ムーアは、米国ニューメキシコ州で公開ミーティング、ワークショップ、カウンセリングなどの活動をおこなっています。ニューメキシコ州サンタフェ在住。

ホームページ
http://www.marymargaretmoore.com/

■訳者

ヒューイ陽子（Yoko Huey）

1948年福岡市に生まれる。津田塾大学英文科卒業。ジョージタウン大学言語学科修士課程およびバスティア大学応用行動科学科修士課程卒業。日本語講師、外資系企業勤務、翻訳業などを経て、現在はシアトルで心理カウンセラーとして開業。訳書に「バーソロミュー」のシリーズ（マホロバアート）、「ソース」（ヴォイス）などがある。

＊1994年に開催された、バーソロミューの日本ワークショップのCDにつきましては、下記のサイトへお問い合わせください。

シンプル堂
http://www.simple-dou.com/details1.html

バーソロミュー
大いなる叡智が語る愛と覚醒《めざめ》のメッセージ

●

2013年2月22日　初版発行

著者／バーソロミュー

チャネル／メアリーマーガレット・ムーア

訳者／ヒューイ陽子

編集／髙木悠鼓

発行者／今井博央希

発行所／株式会社ナチュラルスピリット
〒151-0051　東京都渋谷区千駄ヶ谷3-12-1
パレロワイヤル原宿501号室
TEL 03-3470-3538　FAX 03-3470-3578
E-mail：info@naturalspirit.co.jp
ホームページ http://www.naturalspirit.co.jp/

印刷所／モリモト印刷株式会社

ISBN978-4-86451-076-9 C0011